# 面向金融大数据的
# 隐私信息保护

王　健◎著

PRIVACY INFORMATION PROTECTION FOR
FINANCIAL BIG DATA

经济管理出版社
ECONOMY & MANAGEMENT PUBLISHING HOUSE

**图书在版编目（CIP）数据**

面向金融大数据的隐私信息保护/王健著．—北京：经济管理出版社，2022.5
ISBN 978-7-5096-8559-4

Ⅰ.①面…　Ⅱ.①王…　Ⅲ.①金融—数据处理—信息—安全—数据保护—研究
Ⅳ.①F830.41 ②TP309.2

中国版本图书馆 CIP 数据核字（2022）第 111202 号

组稿编辑：杨　雪
责任编辑：杨　雪　王　慧
责任印制：黄章平
责任校对：王淑卿

出版发行：经济管理出版社
　　　　　（北京市海淀区北蜂窝 8 号中雅大厦 A 座 11 层　100038）
网　　址：www. E-mp. com. cn
电　　话：（010）51915602
印　　刷：唐山昊达印刷有限公司
经　　销：新华书店
开　　本：720mm×1000mm/16
印　　张：12. 25
字　　数：201 千字
版　　次：2022 年 8 月第 1 版　　2022 年 8 月第 1 次印刷
书　　号：ISBN 978-7-5096-8559-4
定　　价：68. 00 元

# 目　录

# 绪　论

大数据时代的到来，给我国金融隐私的保护带来了新的冲击。金融隐私泄露事件不断爆发，金融隐私权利的法律保护制度也因受到大数据的冲击而存在种种困境，对金融隐私的进一步保护是现实的需求。在大数据背景下，互联网金融等新型金融迅速发展，对信息共享与使用提出了更大的需求。因此，如何既能对金融大数据进行数据分析，挖掘出潜藏的知识和规则，又可以保证数据中的隐私信息不被泄露，成为当前金融大数据在应用过程中被广泛关注的话题。

随着国家"互联网+"行动计划的进一步提出，其相关应用已经开始进入人们的视野，为我们的生活增添色彩。比如，足不出户就可以网上购物，由快递服务提供商将商品送到家门口。根据中国互联网络信息中心的数据，2017~2020年，网民规模及互联网普及率逐年上升。其中，2017年6月网民规模为7.51亿人，互联网普及率54.30%；2018年6月网民规模为8.02亿人，互联网普及率57.70%；2019年6月网民规模为8.54亿人，互联网普及率61.20%；2020年6月网民规模为9.40亿人，互联网普及率67.00%。与此同时，手机网民的规模和数量也在急剧攀升，这在一定程度上增加了金融信息泄露的概率和可能性。2017年6月至2020年6月，手机网民规模及其在网民中的比例分别为72361万（96.30%）、78774万（98.30%）、84681万（99.10%）和93236万（99.20%）。

此外，近年来国内外个人金融信息泄露的案件屡见不鲜。根据中国互联网络信息中心发布的报告显示，近年来国家网络治理初见成效，网民遭遇的网络安全事件特别是个人信息泄露、网络诈骗、账号或密码被盗等情况开始呈下降趋势，但总体上占比仍较高，遭遇过此类情况的网民占比在50%左右。这些网络安全问题都源于个人信息泄露，隐私权保护还不到位。

金融隐私保护问题引起了社会各界关注。2019年12月5日，南都大数据研究院与南都个人信息保护研究中心联合发布了《2019 个人信息安全年度报告》。其中明确指出，为实际深入考察用户 App 在其个人信息的收集以及使用保护方面的情况。南都个人信息保护研究中心从个人金融隐私保护政策的透明度、移动互联网金融类产品、App 个人信息权限的获取使用情况三个方面分别展开了测评。结果显示，在众多移动金融类 App 综合评价中，设备识别码被频繁调取现象十分普遍，例如，"招联金融"短短60 秒就被调用了 6109 次，而"拍拍贷借款"60 秒被调用 1468 次定位权限。《2019 个人信息安全年度报告》显示，95.02% 的受访者表示自己遭遇过隐私信息被泄露，其中约 15% 的受访者表示，从未对此采取行动。依据受访者反馈，中介服务类 App 隐私数据泄露问题最为严重，有 52.46% 的用户反映这一问题，其次是网上购物（49.14%）和金融借贷（46.15%）。值得注意的是，有约三成的用户表示，愿意通过付费的方式来进行隐私保护，其中有约 35% 的用户愿意每月付费 30 元以上。

纵观人类发展史，还从未出现过任何一个时期能够像现在一样产生如此巨大的数据量，这些数据的产生不会受到时间和空间的限制。人类社会数据的发展经历了三个阶段，每一次都发生了从量变到质变的飞跃。人类社会数据量的第一次飞跃是在数据库被广泛运用的过程中建立起来的；第二次飞跃则是借助互联网，伴随着互联网的兴起而迎来的 Web 2.0 时代促使了数据量的爆发；感知式系统的诞生及广泛应用让数据产生步入了第三个阶段，即大数据产生的根本原因。大数据是一个较为抽象的概念，兼具"4V"特征：Velocity（速度）、Value（价值）、Volume（规模）和 Variety（种类），以上特征从不同方面诠释大数据的各项特点。

大数据的大规模性、高速性和多样性等特征，使它不同于小数据。传统的针对小数据的隐私保护方法在大数据上存在很大的局限性：大数据的多样性带来的多源数据融合使匿名化和模糊化技术几乎无法生效；大数据的大规模性与高速性带来的实时性分析使加密和密码学技术遇到了极大的瓶颈。此外，大规模性数据采集技术、新型存储技术以及高级分析技术使大数据的隐私保护面临更大的挑战。

目前，大数据贯穿七大行业：教育、交通、商业、电力、石油天然气、卫生保健以及金融业。麦肯锡公司分析，如果这七大行业之间公开数据，将带来 3 万亿美元的经济利益。然而，公开数据带来巨大经济利益的同时，也给个人和团体的隐私带来威胁。阻碍大数据公开的主要因素是数据隐私问题。实际上，现实中与个人和团体相关的数据确实处于风险之中。2013 年 6 月发生的"棱镜门"事件提醒人们如果数据的隐私没有得到充分保护，将会带来非常严重的后果。当前，很多研究机构同样认识到并积极关注讨论大数据隐私问题。

随着时代的发展，隐私的范围被不断扩大，并在大数据时代具备了数据化、价值化的新特征。大数据时代隐私慢慢发生新变化，既产生一些新的问题，同时也暴露一些原有的关于隐私的问题。大数据的"4V"特征不仅预示着大数据时代隐私的变化，而且预示着隐私无处可藏。第一，传统隐私范围扩大。隐私范围不断扩大的原因是技术变革产生了海量数据。全球覆盖的信息网络，数据获得的多渠道性、规模性都使互联网和我们生活的联系越来越密切。第二，隐私权利归属多元化、复杂化。数据作为一种资源，可以在流通市场上通过交易的方式来实现获利。第三，隐私保护难度提高。大数据时代伴随的一些新技术应用打破了时空的局限，地域壁垒被完全打破即将成为事实，这使隐私泄露的负面影响被放大。

大数据时代是一个讲究信息共享的时代，这也加剧了个人隐私泄露与权利间的矛盾冲突。隐私的范围不断扩大，隐私保护难度加大，人格尊严被侵犯、自由意志受约束都是隐私保护伦理问题中涉及个人权利的典型代表。与此同时，大数据时代隐私保护迎来了新的挑战：第一，隐私保护关键技术不完善；第二，隐私保护法律法规不健全；第三，隐私保护意识不充分。

目前来看，个人隐私信息保护问题已经成为困扰金融大数据能否被广泛应用的一个重要因素。许多金融企业在大数据环境下所面临的最大顾虑是如何确保企业信息的安全性，以及确保用户的隐私信息不被泄露。大数据在收集、存储和使用过程中面临着诸多安全风险。大数据所导致的隐私泄露为用户带来严重困扰，虚假数据将导致错误或无效的大数据分析结果。因此，只有真正解决了金融大数据被应用过程中的隐私保护问题，才能消除企业和用户的顾虑，吸引更多的用户使用，促进金融大数据分析技术的发展。

# 1 基于隐私保护的数据挖掘概述

信息时代的飞速发展将数据挖掘和隐私保护两个看似无关的新兴概念关联起来。在对原始数据的使用角度上，致力于数据分析的数据挖掘技术和防范隐私信息泄露的保护技术在一定程度上互相矛盾。如何既能有效保护私有数据和敏感信息在数据挖掘过程中不被泄露，又能保证挖掘出准确的规则和模式，成为数据挖掘研究过程中一个非常重要的问题。

## 1.1 数据挖掘

随着数据库技术的迅速发展和数据库管理系统的广泛应用，人们积累的数据越来越多。激增的数据背后隐藏着许多重要的信息，人们希望能够对其进行更高层次的分析，以便更好地利用这些数据。目前的数据库系统可以高效地实现数据的录入、查询、统计等功能，但却无法发现数据中存在的关系和规则，无法根据现有的数据预测未来的发展趋势。

计算机技术的另一领域——人工智能自 1956 年诞生之后取得了重大进展。经历了博弈时期、自然语言理解、知识工程等阶段，目前的研究热点是机器学习。机器学习是用计算机模拟人类学习的一门科学，比较成熟的算法有神经网络、遗传算法、贝叶斯网络等。

用数据库管理系统来存储数据，用机器学习的方法来分析数据，挖掘大量数据背后的知识，这两者的结合促成了数据挖掘和知识发现技术的产生。

数据挖掘是指从大量的、不完全的、有噪声的、模糊的、随机的数据中提取隐含在其中的、人们事先不知道的，但又是潜在有用的信息和知识的过程。被挖掘的原始数据既可以是结构化的，如关系数据库中的数据；

也可以是半结构化的，如文本、图形、图像数据；甚至还可以是分布在网络上的异构型数据。被发现的知识可以用于信息管理、查询优化、决策支持、过程控制等。因此，数据挖掘是一门交叉性学科，涉及机器学习、模式识别、统计学、智能数据库、知识获取、数据可视化、高性能计算、专家系统等领域。

如图 1-1 所示，数据挖掘的过程可以分为：数据抽取、数据预处理、知识发现和知识表示四个步骤。

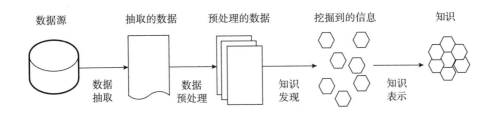

**图 1-1　数据挖掘的过程**

（1）数据抽取：数据抽取是指从数据源中选取数据挖掘所需要的数据。在数据抽取阶段，通常要根据挖掘的目的来确定所需要的数据，获取访问数据的权限，了解数据的类型与结构，并将该数据导出。

（2）数据预处理：由于抽取得到的数据可能存在数据质量问题，一般不能直接用于数据挖掘，需要对抽取到的数据进行预处理。通常数据预处理所包括的形式有数据清理、数据集成、数据变换、数据归约等。

（3）知识发现：知识发现的任务就是在获得了适用于数据挖掘的数据集之后使用数据挖掘算法，发现隐藏在数据中有用的知识和规则。

（4）知识表示：使用可视化手段或其他知识表示技术，将挖掘出的潜在的、有用的知识和规则提供给挖掘者。

# 1.2　隐私信息

任何事物都有两面性，数据挖掘领域也不例外。数据挖掘技术在为人们生活带来便利的同时，也产生了隐私泄露问题。

隐私信息是指个人生理、心理以及社会交往过程中的秘密。包括个人独特的生理特点、心理活动、日记、电话、信件以及自己在住宅里从事的个人活动等。尽管在人类社会发展的不同阶段和在相同时期不同国家与不同民族之间，人们对隐私信息或私人生活内容的认识存在差异，但在现代社会相同或相似的物质生活条件下，尤其是相近的科技发展水平条件下，人们对隐私信息认识的基本内容是相似的。个人隐私信息主要是指不愿被收集和发布的个人敏感信息，如年龄、出生日期、家庭住址、婚姻状况、银行账号、职业情况、银行借贷记录、个人财产记录等。

在数据挖掘领域，隐私信息主要包括两类：一类是原始数据本身所具有的。如个人的身份证号码、电话号码、银行卡号、家庭住址。这类信息一旦被泄露，可能会威胁到个人的正常生活。另一类是原始数据中所隐含的规则。例如，在医学数据中，癌症与癌症患者特征之间的关联规则；在商业数据中，信用度与消费记录之间的关联规则等。如果有人非法获得这些隐含的规则，就可能会威胁到个人的正常生活。

# 1.3　数据挖掘的产生背景

随着网络信息技术和数据库技术的快速发展，很多商业组织、研究机构等都收集和存储了大量的数据，并且希望通过对这些数据进行深入分析，从而获得隐藏在数据中的重要信息。数据挖掘技术作为数据分析和知识发现的有力工具，可以从大量的、不完全的数据中，抽取原始数据中隐藏的知识和规则。

数据挖掘技术的广泛应用使人们能够从大量数据中抽取有用的知识和规则。然而，被挖掘的原始数据中通常包含着许多敏感信息，数据分析人员在使用数据挖掘算法对用户的数据进行分析时，往往能够挖掘出源数据背后的敏感信息，从而造成用户隐私信息的泄露。

近年来，人们越来越重视隐私保护问题，使越来越多的数据拥有者不愿意向数据分析者提供自己的数据，即使他们愿意提供数据也会去除一些信息或者提供一些虚假信息。由于用户担心自己数据中的隐私信息被泄露，而拒绝向数据分析人员提供所需数据，使数据挖掘算法缺乏真实可靠的数据源，造成挖掘结果的准确度降低。在上述情况下，如何确保个人隐私安全，消除用户疑虑，鼓励用户提供真实可靠的数据源，从而挖掘出有效的知识和规则，成为数据挖掘领域一个亟待解决的问题。因此，研究如何将隐私保护和数据挖掘有机地结合起来，提出基于隐私保护的数据挖掘方法，在实际应用中具有重要意义。

下面通过一个例子来介绍研究基于隐私保护的数据挖掘的目的与意义。

假设一个超市保存了 1000 条客户的消费记录信息。超市将这些数据信息提供给商业研究机构，便于这些机构根据用户的消费记录，预测下一个月的市场走势和各商品未来的盈利情况。研究机构会将分析出的规律发送给超市，超市参考这些规律来决定下个月进哪些货物，从而获得更多利润。在法律和道德上，超市需要保护用户的隐私信息。超市只有保护用户的隐私数据，得到用户的信任，才能吸引用户再来消费。超市在将记录信息发送给研究机构之前，需要将这些数据中的标识属性（如姓名、地址、手机号码等）删除。假设发送给研究机构的数据包括年龄、性别、月消费额 3 个属性，那么年龄和性别是非敏感属性，月消费额是敏感属性。

表 1-1 描述了被发送的信息中的前五条记录和最后五条记录。在表 1-1 中，年龄的属性值从 20 岁至 60 岁。性别的属性值 1 表示男，属性值 0 表示女。月消费额作为敏感属性，是不应该被泄露的。

表 1-1　超市数据库中前五条记录和最后五条记录

| 记录编号 | 非敏感属性 | | 敏感属性 |
| --- | --- | --- | --- |
| | 年龄（岁） | 性别 | 月消费额（元） |
| 1 | 53 | 0 | 514.74 |
| 2 | 57 | 1 | 569.33 |
| 3 | 22 | 0 | 609.51 |
| 4 | 25 | 1 | 547.63 |
| 5 | 51 | 1 | 516.33 |
| ⋮ | ⋮ | ⋮ | ⋮ |
| 996 | 37 | 0 | 413.41 |

续表

| 记录编号 | 非敏感属性 | | 敏感属性 |
| --- | --- | --- | --- |
| | 年龄（岁） | 性别 | 月消费额（元） |
| 997 | 50 | 1 | 500.72 |
| 998 | 28 | 1 | 531.81 |
| 999 | 27 | 0 | 537.99 |
| 1000 | 29 | 1 | 469.97 |

数据分析人员使用聚类挖掘算法对这 1000 条记录进行分析，挖掘出了敏感属性与非敏感属性之间的关系（见图 1-2）。从图 1-2 中可以看出，年龄在 42 岁左右的客户月消费额较高。而低年龄者和高年龄者月消费额较少。数据分析人员使用该挖掘结果和用户的非敏感属性值，就可以推测出用户的敏感属性值。例如，数据分析人员知道客户 A 和客户 B 都在该超市有过消费记录，并且知道客户 A 的年龄是 27 岁，客户 B 的年龄是 45 岁，则可以推测出客户 A 在该超市的月消费额在 200~300 元，客户 B 的月

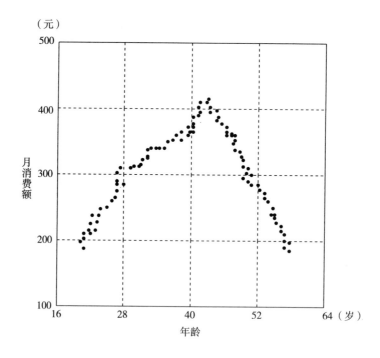

图 1-2　月消费额属性和年龄属性之间的非线性关系

消费额在 300～400 元，并且推测出客户 A 的月消费额小于客户 B。被推测出的关于月消费额属性的信息是客户 A 和客户 B 的敏感信息，是应该被保护的。但是在数据挖掘之后，这些信息已经泄露给数据分析人员。

通过上面的例子可以发现，虽然商家在向数据分析机构发送数据之前已经将用户的标识信息（如姓名、手机号码、家庭地址等）删除，但是数据分析机构在对这些数据进行分析时，仍然能挖掘出用户的敏感属性与非敏感属性之间的关系和规律，从而对用户的敏感信息（隐私数据）造成威胁。因此，使用数据挖掘技术对用户的数据进行分析时，会出现用户的敏感信息被泄露的问题。基于隐私保护的数据挖掘技术就是要在数据挖掘和隐私保护之间找到平衡，解决数据挖掘中的隐私问题。在保护隐私数据安全的前提下，进行数据挖掘和知识发现，找出数据中有用的规则和模式。

如何在不泄露用户隐私信息的前提下挖掘出有效的知识和规则，已成为数据挖掘领域一个亟待解决的问题。该问题的解决对于实现安全的数据分析和知识发现具有重要的理论意义和实用价值。因此，研究基于隐私保护的数据挖掘方法，使用户的个人隐私权益与企业的商业利益达到平衡，成为未来数据挖掘领域至关重要的任务。不仅如此，基于隐私保护的数据挖掘技术在政府文件共享、电子商务、人口统计、国土安全等领域中也有着广阔的应用前景。

# 2 相关技术的研究进展

随着数据挖掘技术的广泛应用，以及人们对隐私保护问题的重视，如何将两者有机地结合在一起，已成为数据挖掘领域的一个重要研究方向。基于隐私保护的数据挖掘技术就是要解决数据挖掘和隐私保护之间的矛盾，在两者之间找到一种平衡，从而既可以保证被挖掘的数据中包含的隐私信息不被泄露，又可以保证挖掘出有用的知识和规则。

本章对基于隐私保护的数据挖掘的相关技术研究进行了综述。2.1 节介绍了基于隐私保护的数据挖掘；2.2 节对基于隐私保护的数据挖掘算法进行了分类；2.3 节介绍了在数据挖掘中实施隐私保护的过程；2.4 节介绍了集中式环境下的 PPDM 算法；2.5 节介绍了分布式环境下的 PP-DM 算法；2.6 节介绍了大数据背景下的金融隐私权；2.7 节对本章内容进行了总结。

## 2.1 基于隐私保护的数据挖掘

基于隐私保护的数据挖掘（Privacy Preserving Data Mining，PPDM）是指采用数据扰乱、数据重构、密码学等技术手段，在保证足够精确度和准确度的前提下，使数据挖掘者在不触及实际隐私数据的同时，仍能进行有效的挖掘工作（Very Kios et al.，2004）。PPDM 主要关注两方面的问题：一是原始数据中的敏感信息，例如个人的姓名、出生日期、电话号码、银行卡号、家庭住址等。由于原始数据中通常包含这些敏感信息，因而不能将原始数据直接提供给数据挖掘算法。为避免个人隐私信息的泄露，可以使用数据泛化、数据交换、随机化、数据加密等方法对原始数据进行处理之后，再提供给数据挖掘算法。二是敏感规则。这些敏感规则隐含在原始数据中，需要通过使用挖掘算法才能找出。例如，在医学数据中，癌症与癌症患者之间的关联规则；在商业数据中，信用度与消费记录之间的关联规则；等等。这些敏感规则因为涉及个人隐私而需要被保护。基于隐私保护的数据挖掘的主要目标是：通过对原始数据或者挖掘算法进行某种改进，添加隐私保护的技术，确保数据挖掘过程中的隐私信息和隐私规则不被泄露，并且确保挖掘出有用的知识和规则。

## 2.2 基于隐私保护的数据挖掘算法的分类

基于隐私保护的数据挖掘（PPDM）算法的分类，如图 2-1 所示。PPDM 算法可以从四个层面进行分类：①数据分布层面，可以分为集中式和分布式；②隐藏目的层面，可以分为数据隐藏和规则隐藏；③数据挖掘算法层面，可以分为分类挖掘、聚类挖掘、关联规则挖掘；④隐私保护技术层面，可以分为数据泛化、数据扭曲、数据清洗、数据屏蔽和数据加密技术。

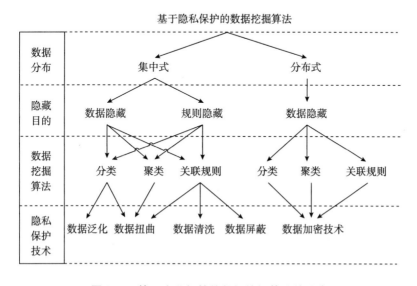

**图 2-1 基于隐私保护的数据挖掘算法的分类**

（1）数据分布层面。数据分布方式分为集中式和分布式两种，分布式又分为数据水平分布与数据垂直分布（Shah et al.，2016）。数据水平分布是指数据按照记录分布在各个站点；数据垂直分布是指数据按照属性分布在各个站点。多个机构或组织针对不同的个体收集了相似的信息便形成了数据的水平分布，而收集了同样个体的不同信息便形成了数据的垂直分布。

（2）隐藏目的层面。数据隐藏是指通过使用某种变换技术对原始数据进行处理，然后把变换后的数据提供给挖掘者使用（Aggarwal and Yu，2008）。所使用的变换技术应满足三方面的要求：①不改变原始数据的整体分布趋势；②不能从变换后的数据中直接推算出原始数据值；③确保从变换后的数据中挖掘出的知识和规则，具有较高的准确度。

规则隐藏是指通过使用一些技术方法来降低敏感规则的支持度，实现敏感规则的隐藏，并且把过滤之后的数据集发送给数据挖掘者（Jain et al.，2011）。其中所使用的技术应当满足：在隐藏敏感规则的同时，尽量减小对原始数据的影响，以保证从变换后的数据集中尽可能准确地挖掘出非敏感规则。

（3）数据挖掘算法层面。分类技术就是根据已知的分类信息或分类模型，对训练样本进行归类（Rastogi and Shim，2000）。不同的训练样本具有不同的性质和特征，这是将训练样本划分成不同类别的依据。分类实质上是一种有监督的学习方法。

聚类技术是针对一个数据对象的集合，将具有相同特征的对象聚合成为一个类，使同一类中的数据对象具有尽可能多的相似度，并且使用一定的规则来描述该类的共同属性，属于不同类的对象的特征差异较大（Pujari et al.，2015）。聚类实质上是一种无监督的学习方法，其目的就是要找出数据集合中的共性与差异，并将具有相似特征的数据对象聚合在同一类中（Kumar，2010）。与分类技术的不同之处在于，在对训练样本进行划分之前，并没有确定类别归属，而是通过归纳数据之间的特征和差异，逐渐产生聚类规则。聚类技术常用于图像处理、客户识别、市场销售和市场分割等方面。

关联规则作为一种常用的数据挖掘技术，是指从大量的数据集中发现有用的、关联性的知识。其基本思路可以表示为：$W \rightarrow B$，其中 $W$ 代表属性集，$B$ 代表属性个体。关联规则可以解释为：在数据库中，$W$ 属性集具有真值，则个体 $B$ 具有真值的可能性和趋势（Pei et al.，2004）。挖掘算法通常使用支持度和置信度两个属性值来寻找关联规则。关联规则挖掘算法可以从大量的事务数据或关系数据中挖掘出感兴趣的知识和模式，在零售业、保险业、通信和制造业等行业得到广泛的应用（Han et al.，2004）。

（4）隐私保护技术层面。数据扰乱技术是最主要的隐私保护技术之一，主要通过一定的隐私策略，对原始数据进行修改，使挖掘者无法从最终发布的数据中获得原始数据的信息，从而达到隐私保护的目的（Kamakshi and Babu，2011）。该方法的特点是，通过对原始数据的局部或全局信息进行修改，隐藏原始数据中的隐私信息和规则，并且在挖掘过程中减少由于修改数据所引起的数据偏差。数据扰乱技术主要包括数据泛化、数据扭曲、数据清洗、数据屏蔽等。

1）数据泛化：数据泛化技术使用层次化（数值型）和抽象化（枚举型）的属性值替代实际数据，从而降低被发布的数据中所包含信息的颗粒度（Zhong et al.，2009）。

2）数据扭曲：从数值修改角度，数据扭曲技术把随机数值与原始数据进行叠加。叠加方法分为加性叠加和乘性叠加。根据已知的随机数序列的某种分布特征，可以从扭曲后的数据中提取出与原始数据序列相近似的数据统计特征，从而进行相应的挖掘工作（Liu et al.，2006）。

3）数据清洗：数据清洗主要用于隐藏关联规则，通过修改或移除数据记录的方式，来减少某些频繁项集的支持度（Low et al.，2001）。

4）数据屏蔽：数据屏蔽采用问号替代隐私属性值的方法，并使用概率分析的方法进行修正，在兼顾隐私保护的前提下实现较高精度的数据分析。

基于数据加密技术的隐私保护方法使用公钥加密机制来解决分布式数据挖掘中的隐私保护问题（Alberto et al.，2015）。公钥加密机制实现了各方对原始数据的不可见性以及数据的无损失性。因此，使用该技术所得到的挖掘结果与挖掘原始数据得到的结果具有同样的准确度。和基于数据扰乱技术的隐私保护方法相比，基于加密技术的隐私保护方法的计算和通信费用较高。

根据隐私保护方法的特性以及不同的挖掘环境，选取合适的隐私保护技术与数据挖掘算法相结合，才能形成有效的基于隐私保护的数据挖掘算法。本章第 2.4 和 2.5 节将在集中式和分布式环境下选取一些典型的基于隐私保护的数据挖掘算法进行概述。

# 2.3　在数据挖掘中实施隐私保护

图 2-2 描述了在数据挖掘中实施隐私保护的过程。观察该图可以发现：隐私保护的生命周期要长于数据挖掘的生命周期，因为隐私保护技术需要对原始数据进行预处理，将原始数据中的隐私数据和隐私规则进行隐藏。图 2-2 中的虚线为数据挖掘的起始点，也是挖掘者接触数据的时刻。因此应该在此时刻之前对数据进行预处理，以避免挖掘者接触到原始数据。隐私保护的对象主要为隐私数据和隐私规则。除此之外，还要保证挖掘过程的安全性，特别是在分布式环境下，需要采取加密或随机扰乱技术来防止各个参与方之间的信息泄露。

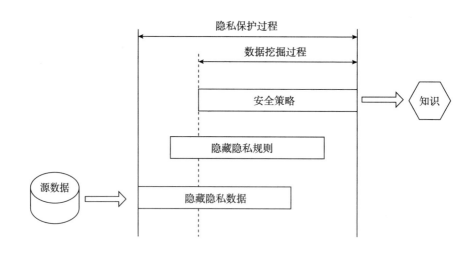

**图 2-2　数据挖掘中实施隐私保护的过程**

目前针对隐私保护技术的研究还处于发展阶段，主要向一些基础的数据挖掘算法提供相应的隐私保护技术。本章的后续小节中，将对典型的基于隐私保护的数据挖掘算法进行分类描述。

# 2.4　集中式环境下的 PPDM 算法

Liu 等（2008）提出了一种集中式环境下的基于隐私保护的分类挖掘算法。该算法不需要重构原始数据的分布函数，而是在干扰后的数据集合上，通过构造朴素贝叶斯分类器来完成分类挖掘（Rish，2001）。该算法的描述如下：

朴素贝叶斯分类器是一种有监督的分类学习方法。训练集由一组数据记录或训练样本组成。其中，训练样本是由数据的属性值组成的特征向量。此外，训练样本还具有一个类标号属性 $C$。一个具体的训练样本可以表示为 $\{x_1, x_2, \cdots, x_n; c\}$。其中 $x_i$（$1 \leqslant i \leqslant n$）表示属性 $X_i$ 的值，$c$ 表示类标号 $C$ 的值。

假设类标号 $C$ 的值域是 $\{c_1, c_2, \cdots, c_j\}$。给定一个未知类标号的训练样本 $X_i$，$1 \leqslant i \leqslant n$，朴素贝叶斯分类器将预测 $X_i$ 是属于具有最大后验概率的类。分类器将未知类标号的训练样本分配给类 $c_j$，当且仅当 $P(c_j \mid X_i) > P(c_k \mid X_i)$，$1 \leqslant j, k \leqslant t, j \neq k$。所以，朴素贝叶斯分类问题被转化为计算最大 $P(c_j \mid X_i)$，其相应的类 $c_j$ 称为最大后验假定。由贝叶斯定理知：

$$P(c_j \mid X_i) = \frac{P(X_i \mid c_j) P(c_j)}{P(X_i)} \tag{2-1}$$

由于 $P(X_i)$ 对于所有的类都为常数，所以只需计算 $P(X_i \mid c_j) P(c_j)$。如果类的先验概率未知，则通常假定类是等概率的，即 $P(c_1) = P(c_2) = \cdots = P(c_j)$，然后只需计算 $P(X_i \mid c_j)$ 的最大值。对于具有许多属性值的数据集合，计算 $P(X_i \mid c_j)$ 的开销通常较大，为降低计算的开销，朴素贝叶斯分类器可以做类条件独立的假定。给定训练样本的类标号，假定属性值之间相互条件独立，即属性值之间不存在依赖关系，从而可以得出：

$$P(X_i \mid c_j) = \prod_{i=1}^{n} p(x_i \mid c_j) \tag{2-2}$$

所以朴素贝叶斯分类器进行分类时所使用的公式如下：

$$C_{nb} = \mathrm{argmax}_{C_j \in C} P(C_j) \prod_i P(X_i \mid C_j) \tag{2-3}$$

其中，属性集合记为 $X = X_1, X_2, \cdots, X_n$，类标号集合记为 $C = C_1, C_2, \cdots, C_t$，而由朴素贝叶斯分类器所输出的类标号记为 $C_{nb}$。

使用公式（2-3），可以在训练数据上计算出概率值 $P(X_i = x \mid C_j)$。对于数值型属性，使用高斯分布 $N(\mu_{ij}, \sigma_{ij}^2)$ 可以估计 $P(X_i = x \mid C_j)$ 的值。而高斯分布中的两个参数的值可以通过使用训练数据来估计。其中，$\mu_{ij} = E(X_i \mid c_j)$，$\sigma_{ij}^2 = Var(X_i \mid C_j)$。然后使用干扰后的数据，为每个属性 $X_i$ 和每个类标号 $C_j$ 估计 $\mu_{ij}$ 和 $\sigma_{ij}^2$ 的值，从而构造朴素贝叶斯分类器。干扰后的数据的属性值不同于原始数据的属性值 $X_i$，可以记为 $W_i = X_i + R$。设 $w_{ij}^t$ 表示类标号 $C_j$ 所对应的第 $t$ 个训练样本的第 $i$ 个属性值，并且假设类标号 $C_j$ 对应 $n$ 个训练样本。

令 $r_{ij}^t$ 表示被随机添加的噪声，$r_{ij}^t$ 的期望值为零，方差为 $\sigma_R^2$，则 $w_{ij}^t = x_{ij}^t + r_{ij}^t$。所以，可以认为期望值 $\overline{w}_{ij} = \dfrac{1}{n} \sum_{t=1}^{n} (w_{ij}^t)$ 近似等于 $\mu_{ij}$。

因为样本方差 $S^2 = \dfrac{1}{n-1} \sum_{t=1}^{n} (w_{ij}^t - \overline{w}_{ij})^2$ 的期望值为 $\sigma_{ij}^2 + \sigma_R^2$，所以可以使用 $S^2$ 和已知方差 $\sigma_R^2$ 来估计 $\sigma_{ij}^2$ 的值，即利用 $S^2 - \sigma_R^2$ 来估计 $\sigma_{ij}^2$。

只要类标号集合中的值不发生改变，那么就可以使用干扰的数据构造出朴素贝叶斯分类器。因为在干扰数据集上计算出的参数估计值和在原始数据集上计算出的参数估计值具有相同的期望值，所以在干扰数据集上进行分类挖掘的精确度等于在原始数据集上进行分类挖掘的精确度。另外，因为对期望和方差进行估计，比对原始数据的分布函数进行估计要容易，所以该算法可以得到较高的精确度。该算法对原始数据集合添加噪声从而产生干扰后的数据集合，然后在干扰后的数据集合上进行朴素贝叶斯分类挖掘，这样既可以确保原始数据中的隐私信息不被泄露，又可以确保挖掘出有用的规则和模式。

但是 Liu 等（2008）所提出的算法，只适用于朴素贝叶斯分类挖掘，不适用于其他复杂的分类挖掘。

## 2.5 分布式环境下的 PPDM 算法

本节主要介绍数据垂直或水平分布环境下的一些典型的基于隐私保护的数据挖掘方法。

### 2.5.1 数据垂直分布条件下的基于隐私保护的分类挖掘算法

Teng 和 Du（2007）提出了一种数据垂直分布条件下，基于隐私保护的决策树分类挖掘算法。该算法的描述如下：

设 $D$ 表示整个数据集合，$D_a$ 表示 Alice 所拥有的数据集，$D_b$ 表示 Bob 所拥有的数据集。Alice 使用随机化方法对数据集 $D_a$ 进行伪装，从而生成伪装后的数据集 $\hat{D}_a$，并且把 $\hat{D}_a$ 发送给 Bob。Bob 也使用随机化方法，对数据集 $D_b$ 进行伪装，从而生成 $\hat{D}_b$，然后将其发送给 Alice。Alice 具有数据集 $D_1 = D_a \cup \hat{D}_b$，而 Bob 具有数据集 $D_2 = \hat{D}_a \cup D_b$。令 $N(E)$ 表示数据集 $D$ 中满足表达式 $E$ 的记录的数目。使用安全多方计算的方法来计算表达式 $E$，从而保证计算过程中的隐私信息不被泄露，令 $AL$ 表示候选属性集合。

Teng 和 Du（2007）所提出的算法记为 Hybrid-ID3（$E$，$AL$），具体步骤如下：

（1）创建一个节点 $V$。

（2）如果对任意的类 $C$ 都满足 $N(E \wedge (class = C)) = = N(E)$，则节点 $V$ 的类标号记为 $C$，并且节点 $V$ 作为叶子节点被返回，即所有满足表达式 $E$ 的记录都属于类 $C$。

（3）如果候选属性集合 $AL$ 为空集，则节点 $V$ 的类标号记为 $C = \mathrm{argmax}_C N(E \wedge (class = C))$，并且节点 $V$ 作为叶子节点被返回，即 $C$ 是所有记录中满足表达式 $E$ 的最大的类。

（4）使用下面的过程来找出分裂属性：

a. 对于任意的测试属性 $A \in AL$，Alice 使用数据集 $D_1$ 计算测试属性 $A$ 的信息增益；Bob 使用数据集 $D_2$ 计算测试属性 $A$ 的信息增益。在计算过程中，Alice 和 Bob 都使用随机化方法，并且都利用计算结果的平均值来估计测试属性 $A$ 的信息增益。

b. 选择 $\omega$ 个测试属性，使其均具有最高的信息增益值。

c. 使用安全多方计算的方法，为这 $\omega$ 个测试属性，计算实际的信息增益值。从计算结果中选出具有最高信息增益值的测试属性，并将该属性记为 $TA$。

（5）将节点 $V$ 的类标号记为 $TA$。

（6）对于属性 $TA$ 中的每个已知值 $a_i$：

a. 从节点 $V$ 引出一个分支，使其满足 $TA=a_i$。

b. 如果满足 $N(E \wedge (TA=a_i))==0$，则添加一个叶子节点，并且该叶子节点的类标号记为 $C=\mathrm{argmax}_C N(E \wedge (class=C))$。其中，$C$ 是所有记录中满足表达式 $E$ 的最大的类。

c. 否则，添加算法 Hybrid-ID3($E \wedge (TA=a_i)$，$AL-TA$) 所返回的节点。

观察整个算法，可以发现：步骤 2 和步骤 3 中的 $N(E \wedge (class=C))$ 的计算值，可以通过之前循环中的步骤 4（c）来完成；对于步骤 6（b）的运算，可以通过同一循环中的步骤 4（c）来完成。因此，在步骤 2、步骤 3 和步骤 6（b）中，不需要进行额外的安全多方计算。

### 2.5.2 数据水平分布条件下的基于隐私保护的关联规则挖掘算法

Clifton 等（2008）提出了在数据水平分布条件下，基于隐私保护的关联规则挖掘算法。关联规则挖掘算法的描述如下：设 $I=\{i_1, i_2, \cdots, i_n\}$ 是项集合，$DB$ 是事务集合。每个事务 $T \in DB$，是项集合 $I$ 中的一个项集，即 $T \subseteq I$。设 $X$ 是 $I$ 中的一个项集，当且仅当 $X \subseteq T$ 时，事务 $T$ 包含 $X$。关联规则是形如 $X \Rightarrow Y$ 的蕴含式，其中 $X \subset I$，$Y \subset I$，$X \cap Y = \phi$。假设规则 $X \Rightarrow Y$ 在事务集合 $DB$ 中成立，则其支持度 $s$ 表示 $DB$ 中包含 $X \cup Y$ 的百分比，置信度 $c$ 表示 $DB$ 中包含 $X$ 的事务，同时也包含 $Y$ 的百分比。关联规则挖掘算法就是要找出那些支持度和置信度大于给定的最小支持度和最小置信度的规则。

在数据水平分布的条件下，整个事务集合被分配给 $n$ 个节点。一个项集的全局支持度值是所有局部支持度值的和。如果一个项集 $X$ 的全局支持度值大于整个事务数据库中全体事务数的 $s\%$，则该项集满足全局最小支持度。如果一个 $k$ 项集满足全局最小支持度，则称其为全局频繁项集。规则 $X \Rightarrow Y$ 的全局置信度，可以表示为 $\{X \cup Y\}$. sup$/X$. sup。

分布式关联规则挖掘的目的就是要找出一些关联规则，使这些规则的全局支持度和全局置信度都大于用户给定的最小支持度和最小置信度。FDM 算法是分布式关联规则挖掘中常用的一种算法（Pei et al.，2007），其执行步骤如下：

（1）生成候选集。将全局 $k-1$ 项集和局部的 $k-1$ 项集进行交集运算，得到候选集。然后使用经典的 Apriori 算法（Huang et al.，2006），获得候选的 $k$ 项集。

（2）局部剪枝。对于局部候选项集中的每一个项集 $X$，通过扫描局部数据库来计算 $X$ 的局部支持度。如果项集 $X$ 是局部频繁的，则将 $X$ 添加到局部频繁项集列表中。

（3）交换项集。将局部频繁项集发送给所有节点。局部频繁项集的并集，将构成全局频繁项集的父集。如果项集 $X$ 是全局支持的，那么至少在一个节点上，$X$ 是局部支持的。每个节点使用 Apriori 算法来计算局部频繁项集的支持度。

（4）交换支持度。将计算出的支持度发送给所有节点。每个节点计算出全局频繁 $k$ 项集。

上述方法没有泄露个体的事务信息，却公布了每个节点的规则支持度的信息。Clifton 等（2002）使用安全并集计算协议和安全求和计算协议，对上述方法进行改进，从而增强算法的安全性。Clifton 等（2002）所提出的算法，不需要任何一个节点泄露自己的局部频繁项集、支持度和记录数目。这样，在项集的交换过程中，使用安全并集计算协议，可以安全地得到并集。使用安全求和协议，可以安全地找出全局支持的项集。另外，使用该方法也可以计算出频繁项集的置信度。需要注意的是，如果想获得安全性更高的方法，则可以删除安全并集的操作。虽然安全并集运算的方法会泄露少量的信息，却可以获得较高的效率。另外，可以通过添加噪声的方法来减小信息泄露的程度。而且每个节点都可以向局部频繁项集添加一些虚假的频繁项集，然后在剪枝阶段，将会排除这些虚假的项集。

### 2.5.3 数据水平分布条件下的基于隐私保护的聚类挖掘算法

Jagannathan 等（2006）提出了一个适用于数据水平分布条件下基于隐私保护的聚类挖掘算法。该算法的描述如下：

输入：数据库 $D$ 具有 $n$ 条记录，Alice 具有记录集合 $\{d_1, \cdots, d_m\}$，Bob 具有记录集合 $\{d_{m+1}, \cdots, d_n\}$，整数 $k$ 表示簇的数目。

输出：将这些记录分配到不同的簇中。

（1）Alice 利用 $\{d_1, \cdots, d_m\}$，计算出 $k$ 个簇中心 $(c_1, w_1), \cdots, (c_k, w_k)$，Bob 利用 $\{d_{m+1}, \cdots, d_n\}$，计算出 $k$ 个簇中心 $(c_{k+1}, w_{k+1}), \cdots, (c_{2k}, w_{2k})$。

（2）Alice 和 Bob 彼此之间，可以随机地共享这些簇中心。

（a）Bob 选择一个随机的排列 $\phi_1$，和随机数 $r_i, s_i, 1 \leq i \leq k$，调用 permute_share 函数，从而获得 Alice 的 $k$ 簇中心的随机值。

（b）Alice 选择一个随机的排列 $\phi_2$，和随机数 $p_i, q_i, 1 \leq i \leq k$，调用 permute_share 函数，从而获得 Bob 的 $k$ 簇中心的随机值。

（c）Alice 对自己的值进行更新后，得到 $(c_1^A, w_1^A), \cdots, (c_{2k}^A, w_{2k}^A)$；Bob 对自己的值进行更新后，得到 $(c_1^B, w_1^B), \cdots, (c_{2k}^B, w_{2k}^B)$。Bob 选择一个随机的排列 $\phi_3$，和随机数 $\alpha_i, \beta_i, 1 \leq i \leq 2k$，调用 permute_share 函数，获得 Alice 的 $k$ 簇中心的随机值。

（d）Bob 将所获得的随机值添加到自己的数据中，然后 Alice 选择一个随机的排列 $\phi_4$ 和随机数 $\gamma_i, \delta_i, 1 \leq i \leq 2k$，调用 permute_share 函数，获得 Bob 的 $k$ 簇中心的随机值，并且将这个值添加到自己的数据中。

（3）Alice 和 Bob 重复执行该算法 $k$ 次，即安全地进行 $k$ 次簇合并，从而将 $2k$ 个簇合并成 $k$ 个簇。

上述算法中所调用的 permute_share 函数的具体描述如下：

输入：Alice 具有簇中心向量 $C = [(c_1, w_1), \cdots, (c_k, w_k)]$，Bob 具有随机的排列 $\phi$ 和随机向量 $R = [(r_1, s_1), \cdots, (r_k, s_k)]$。

输出：Alice 所获得的 $\phi(C+R)$ 将作为输出值。

1）Alice 选择密钥对 $(pk, sk)$，并且将公钥 $pk$ 发送给 Bob。

2）Alice 对向量 $C$ 进行加密后，得到 $((E(c_1), E(w_1)), \cdots,$

$(E(c_k)$，$E(w_k)))$，并将其发送给 Bob。

3）Bob 计算 $\phi((E(c_1+r_1)$，$E(w_1+s_1))$，…，$(E(c_k+r_k)$，$E(w_k+s_k)))$，并将计算结果发送给 Alice。

4）Alice 对接收到的值进行解密，从而计算出自己的值 $\phi((c_1+r_1$，$w_1+s_1)$，…，$(c_k+r_k$，$w_k+s_k))$，和 Bob 的值 $\phi((-r_1$，$-s_1)$，…，$(-r_k$，$-s_k))$。

在 Jagannathan 等（2006）所提出的算法中，首先 Alice 和 Bob 利用自己的数据计算出 $k$ 个簇。然后 Alice 和 Bob 使用 permute_share 函数来共享他们的簇中心。这样 Alice 和 Bob 具有 $2k$ 个簇中心的随机值。为了防止在相互通信的过程中，各个参与方跟踪到簇中心，应该再次使用 permute_share 函数。最后 Alice 和 Bob 执行安全合并簇协议来将 $2k$ 个簇合并成 $k$ 个簇。

安全合并簇协议可以被描述如下：设 $\{(c_1^A$，$w_1^A)$，…，$(c_m^A$，$w_m^A)\}$ 表示 Alice 的簇中心的值，$\{(c_1^B$，$w_1^B)$，…，$(c_m^B$，$w_m^B)\}$ 表示 Bob 的簇中心的值。其中，$c_i^A=(\alpha_{i1}^A$，…，$\alpha_{il}^A)$，$c_i^B=(\alpha_{i1}^B$，…，$\alpha_{il}^B)$，$1\le i\le k$，并且 $l$ 表示属性的数目。然后 Alice 和 Bob 为所有的簇联合计算合并误差，对于任意两个簇 $C_i$ 和 $C_j$，$1\le i\le j\le k$，其合并误差被定义为：

$$error(C_i\cup C_j)=(w_i^A\times w_j^A+w_i^B\times w_j^B+(w_i^B\times w_j^A+w_i^A\times w_j^B))+(dist(C_i$，$C_j))^2$$

其中，

$$(dist(C_i$，$C_j))^2=\sum_{k=1}^{l}(\alpha_{ik}^A-\alpha_{jk}^A)^2+\sum_{k=1}^{l}(\alpha_{ik}^B-\alpha_{jk}^B)^2+2\sum_{k=1}^{l}(\alpha_{ik}^A-\alpha_{jk}^A)(\alpha_{ik}^B-\alpha_{jk}^B)$$

在距离函数 $(dist(C_i$，$C_j))^2$ 中，第一个多项式由 Alice 计算，第二个多项式由 Bob 计算，第三个多项式由 Alice 和 Bob 使用安全乘积协议来共同计算。

与已有的基于隐私保护的 $k$ 均值聚类算法相比，Jagannathan 等（2006）所提出的算法不会泄露中间通信过程中候选的簇中心的信息，另外该算法可以处理规模较大的数据库，并且在保护隐私的前提下产生更准确的聚类结果。

# 2.6　大数据背景下的金融隐私权

目前，人们对隐私权的重视程度越来越高，隐私保护的重要性不言而喻。步入信息时代以来，隐私权逐渐被细分为三大类型，包括物理隐私、信息隐私及自治性隐私。其中信息隐私又分为相对隐私和绝对隐私。随着时代更迭，下一步隐私权将面临三大发展方向：第一，隐私涉及的范围会越来越广泛，隐私保护力度和难度都会越来越大；第二，相对隐私将会由契约变为商业收益，这恰恰是现在大部分大数据商业运营模式；第三，大数据分析的核心算法被侵害攻破的现象越来越普遍，下一步监管将重点针对算法进行审查。

就现行法律来看，互联网金融层面对隐私权的保护工作还比较欠缺，立法速度慢于金融创新的速度。归根结底，互联网金融公司不是金融企业，只能通过契约形式撇清相关义务。互联网金融企业通过科技赋能来提高信用杠杆容易引起以下问题：第一，金融隐私权的风险程度可能提升。在传统金融模式下，交易过程中涉及的个人信息是在一个相对封闭的环境中进行的，但在目前互联网金融应用场景中，例如，在使用手机银行进行扫码支付的同时，个人金融隐私面对更高的风险水平。第二，数据画像成为大数据分析的主流。例如，网页浏览痕迹追索、数据绑架等在侵犯数据隐私权的基础上，对个人虚拟财产造成侵犯。

## 2.7　小结

基于隐私保护的数据挖掘是一个新兴的研究方向，将随着数据挖掘技术以及隐私和安全技术的发展而发展。虽然现有的研究工作已经围绕分类挖掘、聚类挖掘、关联规则挖掘提出许多相应的 PPDM 算法，但是在机器学习中的神经网络和贝叶斯网络学习中所提出的 PPDM 算法较少，且都没有考虑增量学习的策略。此外，分布式数据挖掘中的隐私保护问题比集中式环境中的更为复杂，使传统集中式 PPDM 技术无法直接应用于分布式环境中。本书将围绕这些问题，在后续的章节中展开深入的研究工作。

# 3 面向金融大数据的数据分析

## 3.1 金融数据分析案例

本节将通过案例来介绍如何对金融领域的数据进行分析。首先介绍一个在金融数据分析领域最为经典的例子：啤酒和尿布（见图3-1）。

**图3-1 啤酒和尿布**

资料来源：高勇．啤酒与尿布：神奇的购物篮分析［M］．北京：清华大学出版社，2008.

　　某超市经理聘请了一位计算机专家，帮助超市提出建议以便超市的商品可以卖得更好。计算机专家通过对前一阶段超市的商品销售记录进行分析，发现啤酒和尿布这两种商品有一定的联系：如果某一天啤酒卖得多，尿布卖得也多；如果某一天尿布卖得少，啤酒也卖得少。计算机专家进入超市后发现，啤酒和尿布摆放在不同区域，而且距离较远。于是计算机专家又找来不同领域的多位专家共同商议解释数据分析结果反馈出的这一较为特殊的现象。

　　进一步分析发现，当时所处的时期，成为新生儿父母的年轻人较多，而且年轻人喜欢喝啤酒。所以，新生儿父亲去买啤酒时，就会给孩子带尿布；而新生儿母亲去超市买尿布时，也会顺便买啤酒。随后，计算机专家建议超市经理把啤酒和尿布摆放在一起。结果，啤酒和尿布卖出去的数量比之前任何一天都多。原因是之前啤酒和尿布摆放在不同区域，而且距离较远，所以之前顾客去超市买啤酒就会忘记买尿布，而去买尿布就会忘记买啤酒。上面的案例说明看似不相关的数据，在数据分析研究人员手里可以被挖掘出有效的规则，进而提供给企业做决策，获取更大的收益。

　　下面我们从金融数据分析的角度，来解释啤酒和尿布之间的关联关系是如何被发现的，以及这种关联关系有什么作用（见表3-1、表3-2）。

表 3-1　原始数据集合

| 事务 ID | 事务的项目集 |
| --- | --- |
| T1 | 啤酒，尿布，牛奶 |
| T2 | 尿布，大米 |
| T3 | 尿布，面包 |
| T4 | 啤酒，尿布，大米 |
| T5 | 啤酒，面包 |
| T6 | 尿布，面包 |
| T7 | 啤酒，面包 |
| T8 | 啤酒，尿布，面包，牛奶 |
| T9 | 啤酒，尿布，面包 |

表3-2　转换后的数据集合

| 事务 ID | 事务的项目集 |
| --- | --- |
| T1 | A, B, E |
| T2 | B, D |
| T3 | B, C |
| T4 | A, B, D |
| T5 | A, C |
| T6 | B, C |
| T7 | A, C |
| T8 | A, B, C, E |
| T9 | A, B, C |

将原始数据表 3-1 转换为表 3-2 就是将超市的销售数据用不同的符号进行转换，方便进行数据分析。在对以上数据进行分析之前，我们首先介绍关联规则数据分析的相关基础知识。

**定义 3.1**　（关联规则的支持度）关联规则 $X \Rightarrow Y$ 的支持度为 $DB$ 中包含 $X \cup Y$ 的百分比，是概率 $P(X \cup Y)$，即 support $(X \Rightarrow Y) = P(X \cup Y)$。

**定义 3.2**　（关联规则的可信度）关联规则 $X \Rightarrow Y$ 的可信度为 $DB$ 中包含 $X$ 的事务同时也包含 $Y$ 的百分比，是条件概率 $P(Y/X)$，即 confidence $(X \Rightarrow Y) = P(Y/X)$。通常用 min$conf$ 表示最小可信度阈值。

**定义 3.3**　（关联规则）同时满足最小支持度阈值和最小可信度阈值的规则 $(X \Rightarrow Y)$ 称为强关联规则 $R$。即 $R(DB, \text{minsup}, \text{min}conf) = \{X \Rightarrow Y \mid X, Y \subset I \wedge \text{support}(X \Rightarrow Y) \geqslant \text{minsup} \wedge \text{confidence}(X \Rightarrow Y) \geqslant \text{min}conf\}$。

**定义 3.4**　（关联规则挖掘）给定事务数据库 $DB$，以及最小支持度阈值 minsup 和最小可信度阈值 min$conf$，关联规则挖掘就是计算 $R(DB, \text{minsup}, \text{min}conf)$。

关联规则的挖掘过程可分为两步：第一步是找出所有频繁项集，即计算 $F(DB, \text{minsup})$；第二步是由最大频繁项集产生强关联规则，即计算 $R(DB, \text{minsup}, \text{min}conf)$。在这两步操作中，因为第二步较容易实现，所以挖掘关联规则的总体性能主要由第一步决定。

结合本节所提供的超市销售的数据样本，可以这样理解：规则的支持度就是项集 AB 在数据库 D 中出现的次数除以总项集的个数。规则的可信度就是 A 和 B 同时出现的次数除以 A 出现的次数。即为条件概率 P（AB/A）。想要找出金融数据背后项和项之间潜在的联系，可以将关联规则数据分析算法分为两个步骤：①找到所有支持度大于最小支持度的项集，这些项集称为频繁项集，由频繁项集逐步生成最大频繁项集。②使用最大频繁项集产生规则，然后找出可信度大于最小可信度的规则，即为所要找的关联规则。

理解上述关联规则数据分析所使用到的基础知识后，就可以对本部分引入的啤酒和尿布的案例数据进行数据分析，具体过程如图 3-2 和图 3-3 所示。

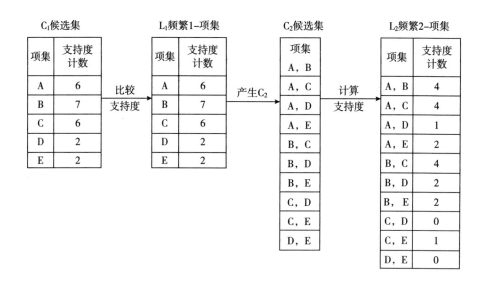

图 3-2　关联规则数据分析过程（1）

根据支持度和可信度的计算公式，关联规则挖掘的过程可以划分为两个阶段：阶段一是找到满足最小支持度的所有频繁项集；阶段二是从得到的最大频繁项集中挖掘出可信度大于最小可信度的关联规则。首先，找出频繁一项集，观察所给出的集合中的数据得知所有一项集都是频繁的。其次，由频繁一项集去生成二项集，再判断哪些二项集的支持度大于最小支持度，即保留作为频繁二项集。再次，由频繁二项集去生成三项集，再判断哪些三项集的支持度大于最小支持度，即保留作为频繁三项集。最后，由频繁三项集去生成四项集，再分析发现所有的四项集的支持度都小于最小支持度，所以没有频繁四项集。最大频繁项集就是频繁三项集。

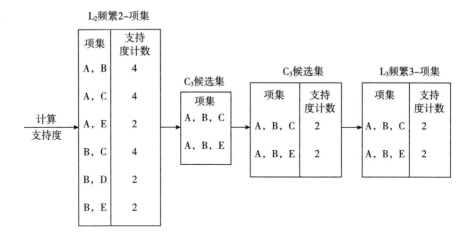

图 3-3 关联规则数据分析过程（2）

根据离散数学中的规则拆分方法，可以把最大频繁三项集拆分为以下规则，分析哪些规则的可信度大于最小可信度，即为关联规则。下面叙述由最大频繁项集 L={A，B，E} 生成关联规则的过程。

L 的非空子集 S 有：{A，B}，{A，E}，{B，E}，{A}，{B}，{E}。可得到规则如下：

$A \wedge B \rightarrow E$      conf = 2/4 = 50%

$A \wedge E \rightarrow B$      conf = 2/2 = 100%

$B \wedge E \rightarrow A$      conf = 2/2 = 100%

$A \rightarrow B \wedge E$      conf = 2/6 = 33%

$B \rightarrow A \wedge E$      conf = 2/7 = 29%

$E \rightarrow A \wedge B$      conf = 2/2 = 100%

假设最小可信度为 60%，则最终输出的关联规则为：

$A \wedge E \rightarrow B$      100%

$B \wedge E \rightarrow A$      100%

$E \rightarrow A \wedge B$      100%

对于另外的最大频繁项集 {A，B，C}，同样使用上述方法可以计算分析出所对应的关联规则。

关联规则数据分析算法用 Java 编程语言实现的代码如表 3-3 所示。

表 3-3    关联规则数据分析算法用 Java 编程语言实现的代码

```
1: import java. util. * ;
2: import java. io. * ;
3: public class Aprioti {
4: public static int K_Item = 3; //产生的频繁项集数
5: public static double min_support_count = 2; //最小支持度计数值
6: public static String path = " F:\\FirstGit\\apriori\\";
7: public static List<Itemset>AllItemSet = new ArrayList<Itemset> ( );
8: public static Itemset originalItem = new Itemset ( );
9: public static void main (String [ ] args)
10: {
11:     aprioriProcess ( );
12: }
13: public static void aprioriProcess ( )
14: {
15:     readItemFromText (path, originalItem); //读取硬盘上的数据集
16:     Itemset firstItemSet = new Itemset ( );
17:     gen_first_item_set (firstItemSet); //首先生成频繁一项集
18:     int K = K_Item;
19:     Itemset forwordItemSet = firstItemSet;
20:     delete_blew_support_count (forwordItemSet); //去除低于最小支持度
21:     AllItemSet. add (firstItemSet); //将所有的频繁项集保存起来
22:
23:     while (K--! = 0)
24:     {
25:         Itemset backwordItemSet = new Itemset ( );
26:         apriori_gen (forwordItemSet, backwordItemSet);
27:         delete_blew_support_count (backwordItemSet);
28:         AllItemSet. add (backwordItemSet);
29:         forwordItemSet = backwordItemSet; //将指针指向频繁 K-1 项集
30:     }
31:     printResult ( ); //输出结果
32: }
33: public static void printResult ( )
34: {
35:     for (int i = 0; i<AllItemSet. size ( ); i++)
36:     {
37:         Itemset itemset = AllItemSet. get (i);
```

```
38:        for（TreeSet<String>everyItem ： itemset. itemset）
39:          {
40:            System. out. println（everyItem. toString（））；
41:          }
42:        }
43:      }
44:    public static void delete_blew_support_count（Itemset itemset）
45:      {
46:        ArrayList<Integer>deleteSetNum = new ArrayList<Integer>（）；
47:        for（int i = 0；i<itemset. itemset. size（）；i++）
48:          {
49:            double suppoutCount = 0；
50:            TreeSet<String>item = itemset. itemset. get（i）；
51:            booleanisPinfan = false；
52:            for（TreeSet<String>oriItem ： originalItem. itemset）
53:              {
54:                if（contain（oriItem， item））
55:                  suppoutCount++；
56:                if（suppoutCount> = min_support_count）
57:                  {
58:                    isPinfan = true；
59:                    break；
60:                  }
61:              }
62:            if（! isPinfan）
63:              deleteSetNum. add（i）；
64:          }
65:        for（int j = deleteSetNum. size（）-1；j> = 0；j--）
66:          {
67:            //System. out. println（deleteSetNum. get（j））；
68:            itemset. itemset. remove（（int）deleteSetNum. get（j））；
69:          }
70:        for（int  i ： deleteSetNum）
71:          {
72:            System. out. println（i）；
73:            itemset. itemset. remove（i）；
74:          }
75:      }
76:    //产生一项集
77:    public static void gen_first_item_set（Itemset firstItemSet）
```

```
78:    {
79:        TreeSet<String>itemset = new TreeSet<String> ( ) ;
80:        for ( TreeSet<String>per_ori_item : originalItem. itemset )
81:        {
82:          for ( String item : per_ori_item )
83:          {
84:            itemset. add ( item ) ;
85:          }
86:        }
87:        for ( String word : itemset )
88:        {
89:          TreeSet<String>everyitemset = new TreeSet<String> ( ) ;
90:          everyitemset. add ( word ) ;
91:          firstItemSet. itemset. add ( everyitemset ) ;
92:        }
93:    }
94:    public static   voidapriori_gen ( Itemset one_item, Itemsetsecond_item )
95:    {
96:        for ( int i = 0 ; i<one_item. itemset. size ( ) ; i++ )
97:        {
98:          for ( int j = i+1 ; j<one_item. itemset. size ( ) ; j++ )
99:          {
100:            TreeSet<String>newItem = new TreeSet<String> ( ) ;
101:            for ( String peritem : one_item. itemset. get ( i ) )
102:            {
103:              newItem. add ( peritem ) ;
104:            }
105:            for ( String peritem : one_item. itemset. get ( j ) )
106:            {
107:              newItem. add ( peritem ) ;
108:            }
109:            if ( ! has_infrequent_subset ( newItem, one_item ) )
110:            {
111:              if ( ! find_in_already_set ( newItem, second_item ) )
112:                second_item. itemset. add ( newItem ) ;
113:            }
114:          }
115:        }
116:    }
117:    public static boolean find_in_already_set ( TreeSet<String>newItem, Itemset
118: second_item )
```

```
119:      {
120:      for（int i=0; i<second_item. itemset. size（）; i++)
121:      {
122:         if（newItem. equals（second_item. itemset. get（i)))
123:             return true;
124:      }
125:      return false;
126:   }
127:   public has_infrequent_subset（TreeSet<String>newitem, Itemset one_item1)
128:      {
129:      for（TreeSet<String>k_1_item : one_item1. itemset)
130:         {
131:         if（! contain（newitem, k_1_item))
132:             return false;
133:         }
134:      return true;
135:   }
136:   public static boolean contain（TreeSet<String>big, TreeSet<String>small)
137:      {
138:      for（String smallWord : small)
139:         {
140:         if（! big. contains（smallWord))
141:             return false;
142:         }
143:      return true;
144:   }
145:   public static   void readItemFromText（String path, Itemsetoriginalltem)
146:      {
147:      File file=new File（path);
148:      if（file. isDirectory（))
149:         {
150:         String [ ] filelist=file. list（);
151:         for（int i=0; i<filelist. length; i++)
152:            {
153:            try {
154:               BufferedReaderbr=new BufferedReader
155:               String line=null;
156:               while（（line=br. readLine（))! =null)
157:                  {
158:                     String [ ] lineword=line. split（" [^\ \ S] +"）;
```

续表

```
159:              TreeSet<String>itemset = new TreeSet<String>（）;
160:              for（String word : lineword）
161:              {
162:                 itemset. add（word）;
163:              }
164:              originalItem. itemset. add（itemset）;
165:           }
166:        } catch（Exception e）{
167:           e. printStackTrace（）;
168:        }
169:     }
170:   }
171:  }
172: }
```

关联规则挖掘是发现大量数据库中项集之间的关联关系。关联规则是发现交易数据库中不同商品（项）之间的联系。

## 3.2　面向金融数据的多维数据分析实例

在数据仓库系统中，联机分析处理（OLAP）是重要的数据分析工具。OLAP 的基本思想是企业的决策者应该能灵活地、从多方面和多角度以多维的方式来观察企业的状态和了解企业的变化。

OLAP 是在联机事务处理（OLTP）的基础上发展起来的，OLTP 是以数据库为基础的，面对的是操作人员和低层管理人员，对基本数据的查询和增、删、改等进行处理。而 OLAP 是以数据仓库为基础的数据分析处理。它具有在线性（online）和多维分析（multi-dimension analysis）的特点。OLAP 超越了一般查询和报表的功能，是建立在一般事务操作之上的另外一种逻辑步骤，因此，它的决策支持能力更强。

OLAP 的目的是通过一种灵活的多维数据分析手段，为决策管理人员提供辅助决策信息。基本的多维数据分析操作包括切片、切块、旋转、钻取等。

本案例使用 Microsoft SQL Server 的示例数据库 Adventure Works，用其用户订单模型相关数据建立数据仓库。Adventure Works 由来：Adventure Works 示例数据库所基于的虚构公司是一家大型跨国生产公司。公司生产金属和复合材料的自行车，产品远销北美、欧洲和亚洲市场。公司总部设在美国华盛顿州的博瑟尔市，拥有多个活跃在世界各地的地区性销售团队。

　　首先安装 Adventure Works 示例数据库（见图 3-4）。

图 3-4　数据库安装示例

查看安装好的数据库信息，了解相关表结构（见图 3-5）。

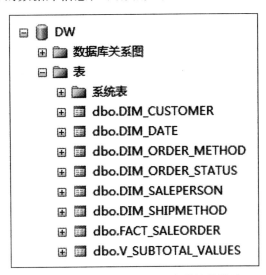

图 3-5　示例数据库所使用表的结构描述

示例数据库 Adventure Works 中所使用到的表如下（见表 3-4～表 3-11）所示。

### 表 3-4　DIM_ORDER_METHOD：下订单方式维表

| 列名 | 数据类型 | 长度 | 精度 | 是否为空 | 说明 |
|---|---|---|---|---|---|
| ONLINEORDERFLAG | int | 4 | 10 | 是 | ID |
| DSC | varchar | 20 | 0 | 是 | 属性描述 |

### 表 3-5　DIM_SALEPERSON：销售人员维表

| 列名 | 数据类型 | 长度 | 精度 | 是否为空 | 说明 |
|---|---|---|---|---|---|
| SALESPERSONID | int | 4 | 10 | 是 | 销售人员 ID |
| DSC | varchar | 20 | 0 | 是 | 销售人员名称 |
| SALETERRITORY_DSC | varchar | 50 | 0 | 是 | 所属区域 |

### 表 3-6　DIM_SHIPMETHOD：发货方式维表

| 列名 | 数据类型 | 长度 | 精度 | 是否为空 | 说明 |
|---|---|---|---|---|---|
| SHIPMETHODID | int | 4 | 10 | 是 | 发货方法 ID |
| DSC | varchar | 20 | 0 | 是 | 发货方法 |

### 表 3-7　DIM_DATE：订单日期维表

| 列名 | 数据类型 | 长度 | 精度 | 是否为空 | 说明 |
|---|---|---|---|---|---|
| TIME_CD | varchar | 8 | 0 | 是 | 日期 |
| TIME_MONTH | varchar | 6 | 0 | 是 | 月 |
| TIME_YEAR | varchar | 6 | 0 | 是 | 年 |
| TINE_QUAUTER | varchar | 8 | 0 | 是 | 季度 |
| TIME_WEEK | varchar | 6 | 0 | 是 | 星期 |
| TIME_XUN | varchar | 4 | 0 | 是 | 旬 |

### 表 3-8　DIM_CUSTOMER：客户维表

| 列名 | 数据类型 | 长度 | 精度 | 是否为空 | 说明 |
|---|---|---|---|---|---|
| CUSTOMERID | int | 4 | 10 | 是 | 客户 ID |
| CUSTOMER_NAME | varchar | 100 | 0 | 是 | 客户名 |

| 列名 | 数据类型 | 长度 | 精度 | 是否为空 | 说明 |
|---|---|---|---|---|---|
| CUSTOMERTYPE | varchar | 20 | 0 | 是 | 客户类型 |
| AGE | int | 4 | 10 | 是 | 年龄 |
| SEX | varchar | 2 | 0 | 是 | 性别 |
| MaritalStatus | varchar | 10 | 0 | 是 | 婚姻状况 |
| YearlyIncome | varchar | 50 | 0 | 是 | 年收入 |
| Education | varchar | 50 | 0 | 是 | 受教育程度 |
| Occupation | varchar | 50 | 0 | 是 | 职位 |
| NumberCarsOwned | int | 4 | 10 | 是 | 有车数量 |
| TotalChildren | int | 4 | 10 | 是 | 孩子数量 |
| COUNTRY_NAME | varchar | 100 | 0 | 是 | 国家 |
| STATEPROVINCE_NAME | varchar | 100 | 0 | 是 | 省 |
| CITY_NAME | varchar | 100 | 0 | 是 | 城市 |

### 表3-9　DIM_ORDER_STATUS：订单状态维表

| 列名 | 数据类型 | 长度 | 精度 | 是否为空 | 说明 |
|---|---|---|---|---|---|
| STATUS | int | 4 | 10 | 是 | 订单状态 ID |
| DSC | varchar | 30 | 0 | 是 | 订单状态 |

### 表3-10　V_SUBTOTAL_VALUES：订单价值段

| 列名 | 数据类型 | 长度 | 精度 | 是否为空 | 说明 |
|---|---|---|---|---|---|
| ORDER_VALUES_ID | int | 4 | 10 | 是 | 订单价值段 ID |
| DSC | varchar | 30 | 0 | 是 | 价值段 |
| MIN_VALUE | int | 4 | 10 | 是 | 最小价值 |
| MAX_VALUE | int | 4 | 10 | 是 | 最大价值 |

### 表3-11　FACT_SALEORDER：订单分析事实表

| 列名 | 数据类型 | 长度 | 精度 | 是否为空 | 说明 |
|---|---|---|---|---|---|
| SALEORDERID | int | 4 | 10 | 是 | 订单号 |
| TIME_CD | varchar | 8 | 0 | 是 | 订单时间 |
| STATUS | int | 4 | 10 | 是 | 订单状态 |
| ONLINEORDERFLAG | int | 4 | 10 | 是 | 下订单方式 |

续表

| 列名 | 数据类型 | 长度 | 精度 | 是否为空 | 说明 |
|---|---|---|---|---|---|
| CUSTOMERID | int | 4 | 10 | 是 | 客户 ID |
| SALESPERSONID | int | 4 | 10 | 是 | 销售人员 ID |
| SHIPMETHOD | int | 4 | 10 | 是 | 发货方式 |
| ORDER_VALUES | int | 4 | 10 | 是 | 订单价值段 |
| SUBTOTAL | decimal | 9 | 10 | 是 | 销售额 |
| TAXAMT | decimal | 9 | 10 | 是 | 税 |
| FREIGHT | decimal | 9 | 10 | 是 | 运费 |

打开 SQL Server Business Intelligence Development Studio 工具，新建一个 Analysis Service 项目，命名为：DW（见图 3-6）。

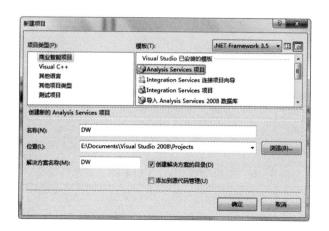

**图 3-6 "新建项目"对话框**

新建数据源视图，选择 OLAP 中要用到的所有表（见图 3-7）。在"选择表和视图"对话框窗口，将此次分析工作所使用到的表导入"包含表的对象"窗口。点击"下一步"后进入如图 3-8 所示的对话框窗口，选中要分析的表，然后点击"完成"。

根据订单主题建立分析维度：发货方法、下订单方式、订单状态、订单价值、销售人员、日期、客户、订单时间、销售额、税和运费等。

图 3-7 "选择表和视图"对话框

图 3-8 "完成向导"对话框

以【订单价值】维度为例，说明如下：

如图 3-9 所示，在"选择创建方法"对话框，使用系统默认的设置，然后点击"下一步",进入如图 3-10 所示窗口,仍使用默认设置,点击"下一步",进入如图 3-11 所示窗口,将对话框中的维度属性全选,再点击"下一步",进入如图 3-12 所示窗口,使用默认设置后,点击"完成",即完成数据源的配置操作。

**图 3-9　"选择创建方法"对话框**

**图 3-10　"指定源信息"对话框**

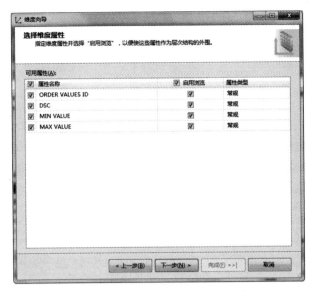

**图 3-11　"选择维度属性"对话框**

**图 3-12　"完成向导"对话框**

如图 3-13 所示，对销售人员维度、订单状态维度、发货方式维度、受教育程度维度、年月日维度和下订单方式维度所包含的属性信息进行了描述。

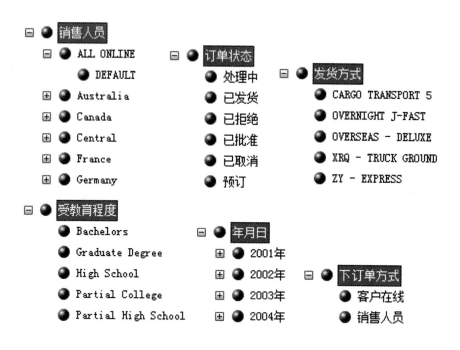

图 3-13　部分维度信息

如图 3-14 所示，在"选择度量值组表"对话框，选中此次数据分析所

图 3-14　"选择度量值组表"对话框

使用的表，然后点击"下一步"，进入如图 3-15 所示窗口，使用默认设置，点击"下一步"，进入如图 3-16 所示窗口，仍使用默认设置，再点击"下一步"，进入如图 3-17 所示窗口，使用默认设置后，点击"完成"，即完成视图创建操作。

**图 3-15** "选择度量值"对话框

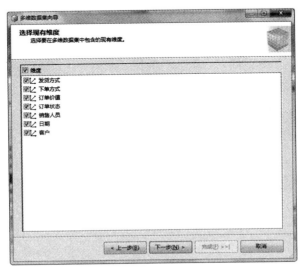

**图 3-16** "选择现有维度"对话框

图 3-17　"完成向导"对话框

至此，OLAP 模型建立完成，下面对多维数据集进行切片、切块、旋转、钻取的操作。

（1）切片操作。订单价值—订单计数（见图 3-18）。

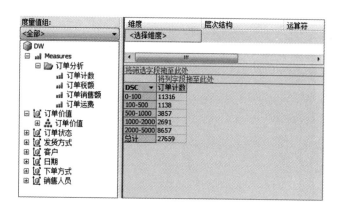

图 3-18　切片结果

（2）切块操作。订单价值—订单计数—客户受教育程度（见图 3-19）。

（3）旋转操作。将订单价值维度和客户受教育程度进行正交转换，即得到如图 3-20 所示结果。

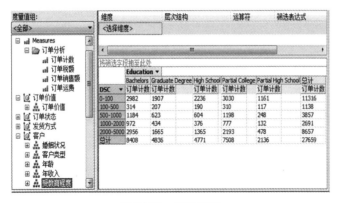

图 3-19　切块结果

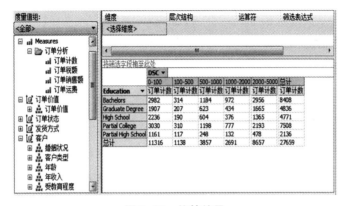

图 3-20　旋转结果

（4）钻取操作。对客户所在地区维度进行向下钻取，即将国家维度向下钻取得到省级维度上的订单数量，再向下钻取得到市维度上的订单数量。两次向下钻取的结果如图 3-21 所示。

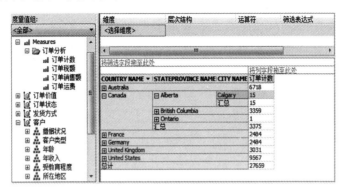

图 3-21　钻取结果

# 4 基于匿名访问控制保护金融 大数据环境下用户标识信息

在金融大数据环境下，用户往往希望他们的标识信息在交易过程中不被泄露，希望交易匿名化。但是，当前的技术水平尚不能满足用户的这个隐私要求。大数据环境下一个亟待解决的安全问题就是用户在访问和接收服务时，如何防止标识信息被泄露。虽然近年来针对大数据环境下安全问题的研究很多，但是针对上面这个问题的研究较少。因此本章提出基于匿名访问控制的方法来解决以上问题，并且提出在匿名访问控制中使用环签名技术。

## 4.1 相关研究介绍

孟小峰等（2005）提出了基于主动式保护思想的隐私管理框架，对公开的大数据进行隐私管理。以前针对小数据的被动式保护方式仅考虑了当前攻击模式下的隐私保护效果，忽略了将来某个攻击模式下的隐私泄露。主动式保护方式考虑了数据整个生命周期内的隐私泄露情况，该方式对隐私有着绝对的保护力，并主动参与到整个大数据隐私处理流程中。

用户在访问大数据环境下的服务时，必须要面临的一个重要问题就是：他们能不能信任服务提供商。这种信任关系实际上是大数据技术能否被成功使用的最大障碍。一种情况就是要求使用该服务的用户要完全信任服务提供商，相信服务提供商不会把用户的标识信息泄露给其他人；另一种情况就是相信服务提供商不会滥用用户的标识信息。但是，在许多情况下，服务提供商不能实现这种信任关系。因此，提出一种新方法来保证用户在使用大数据环境下的服务时，不用担心他们的标识信息被泄露就显得十分重要。

本章提出基于匿名访问控制的方法来解决上面的问题，在匿名访问控制中我们使用环签名技术。此方法的思想是：当用户使用大数据环境下的服务时，切断用户和服务请求信息之间的联系，让用户匿名访问该服务，这样用户的标识信息就不会泄露给外界。在用户请求该服务阶段，本章提出一种新的无证书环签名方案，让用户代表整个用户环来为自己的服务请求信息进行签名，服务器验证此签名的合法性后，就会把此服务请求信息发送给服务提供商。在此过程中，服务器和服务提供商并不知道谁是真正的服务请求者，因而保证用户的标识信息不会被泄露。在用户接收服务阶段，本章提出让服务提供商对服务结果进行加密，然后把加密后的结果发送给用户环中所有成员，而只有刚才请求服务的用户拥有密钥，从而可以解密得到真正的服务结果，在此过程中，服务提供商并不知道谁是真正的服务接收者，以此保证用户的标识信息不会被泄露。

## 4.2 相关概念

双线性映射：设 $G_1$ 是一个阶为素数 $q$ 的循环群，以加法表示其运算（Dan and Franklin，2001）。设 $G_2$ 是一个阶为素数 $q$ 的循环群，以乘法表示其运算。在 $G_1$、$G_2$ 中求解离散对数的问题都是难解的。则两个群之间的双线性映射 $e: G_1 \times G_1 \rightarrow G_2$ 是满足以下条件的映射：

（1）双线性：对任意 $P$，$Q \in G_1$，任意 $a$，$b \in Z_q^*$，总有 $e(aP, bQ) = e(P, Q)^{ab} = e(abP, Q)$。其中 $Z_q^*$ 表示模 $q$ 的剩余类集合的乘法群。

（2）非退化性：存在 $P$，$Q \in G_1$，满足 $e(P, Q) \neq 1_{G_2}$。其中 $1_{G_2}$ 表示群 $G_2$ 的单位元。

（3）可计算性：对任意 $P$，$Q \in G_1$，存在一个有效的算法计算 $e(P, Q)$。

# 4.3 金融大数据环境下匿名访问控制方法

在金融大数据环境下，很多用户会请求不同的服务。当用户请求某个服务时，从提出服务请求至接收到服务结果，整个过程中，用户都不希望自己的标识信息被服务器识别，也不希望自己的标识信息被服务提供商识别。为了满足用户的这种隐私保护需求，本章提出一种基于匿名访问控制的新方法，可以实现用户匿名访问服务，避免用户的标识信息被泄露。

在用户请求服务阶段，把全部合法用户集合看作环 $L$，匿名请求服务的用户 $U_a$ 代表整个环 $L$ 为自己的服务请求信息 $m$ 进行签名 $\theta$。设 $H_3$ 为哈希函数，并且 $H_3$ 被公开给环中所有用户。使用匿名访问控制方法时，服务器负责验证某个服务请求信息 $m$ 的签名 $\theta$ 是否有效。验证者服务器收到 $(m, \theta, H_3)$ 后，将验证签名 $\theta$ 是否来自合法用户环 $L$。如果验证通过，说明此签名 $\theta$ 有效，服务器会把 $(m, H_3)$ 发送给服务提供商。验证者服务器在验证签名 $\theta$ 是否有效时，无法判断此签名 $\theta$ 来自环中哪个用户，也无法判断此服务请求信息 $m$ 来自环中哪个用户。服务提供商收到 $(m, H_3)$ 后，将会按照服务请求信息 $m$ 的要求来准备服务，在此过程中，服务提供商不能确定此服务请求来自用户环中的哪个用户。因此，在整个服务请求阶段可以实现用户匿名访问该服务，保证用户的标识信息不被泄露。

本章所提出的这种匿名访问控制和验证签名合法性的机制，可以提高大数据环境下服务提供商免受攻击的概率。因为签名验证机制表明只有当服务请求信息所对应的签名被验证合法，服务器才能把此服务请求信息发送给服务提供商。这样可以避免服务提供商收到虚假的、恶意的服务请求，从而避免服务提供商受到恶意的攻击。

在用户接收服务阶段，如果要求服务提供商直接把服务结果发送给用户，就必须要让服务提供商知道此用户的标识信息才能发送，这会导致用户的标识信息被泄露。为了防止服务提供商识别出用户的标识信息，本章提出在发送服务结果前，首先由服务提供商使用密钥对服务结果进行加密，然后服务提供商把加密后的服务结果发送给用户环所有用户。虽然环中所有用户都可以接收到这个加密的服务结果，但是只有那个拥有密钥的用户才可以解密得到真正的服务结果，进而实现匿名发送信息。在目标接收端接收服务结果过程中，接收端也无法识别环中哪个用户是真正的接收者，从而实现匿名接收信息。

在匿名访问控制中我们使用了环签名技术，因此下一部分我们将重点研究该技术，进而提出一种新的适用于金融大数据环境的无证书环签名方案。

# 4.4 适用于金融大数据环境的无证书环签名方案

本章使用环签名技术来实现匿名访问控制，从而防止用户的标识信息被泄露。环签名技术的思想是一个签名者可以代表整个环对某个消息进行签名，验证者只能证明这个签名是由这个环中的某个成员产生，但是无法识别出真正的签名者，从而实现签名者的匿名访问。

在已有的众多的环签名技术中，本节选择无证书环签名作为研究的重点。主要是因为传统的基于身份的公钥体制有一个固有的缺点，即用户密钥托管问题（由 KGC 单独生成用户的私钥）：KGC 能伪造每一个用户的签名，导致签名不能达到真正的不可伪造性。而无证书的公钥体制比传统的公钥体制简单，不存在证书托管问题，安全性更高。

目前已有的无证书环签名方案并不多，比较典型的是吴问娣提出的方案：使用环签名的方法来对用户发出的信息进行签名，接收者只能确定信息来自哪个用户环，无法识别来自环中的哪个用户，进而实现匿名发送和匿名接收信息。但是该方案不适用于大数据环境，因此本节提出一种新的适用于大数据环境的无证书环签名方案。本节所提出的方案与吴问娣提出的方案相比，简化了生成签名和签名验证的方程式，签名生成阶段只需要 0 次双线性映射运算，签名验证阶段只需要 2 次双线性映射运算，因此本节所提方案在效率方面具有明显优势。

## 4.4.1 生成参数

设 $G_1$ 是一个阶为素数 $q$ 的循环群，以加法表示其运算。设 $G_2$ 是一个

阶为素数 $q$ 的循环群，以乘法表示其运算。然后随机选择 $G_1$ 的一个生成元 $P$，选择 $1_{G_1}$ 作为 $G_1$ 的幺元。选择 $Z_q^*$ 表示模 $q$ 的剩余类集合的乘法群。

双线性对映射 $e$: $G_1 \times G_1 \rightarrow G_2$。

$H_1$: $\{0, 1\}^* \rightarrow G_1^*$，$H_2$: $\{0, 1\}^* \rightarrow Z_q^*$，$H_1$，$H_2$ 是两个强抗碰撞的哈希函数，设 $H_3$ 也是强抗碰撞的哈希函数，并且 $H_3$ 被公开给每个环用户。密钥生成中心（KGC）选择 $s \in Z_q^*$，计算 $P_0 = sP$，然后密钥生成中心公开系统参数 Params $= \{G_1$，$G_2$，$e$，$q$，$P$，$P_0$，$H_1$，$H_2$，$H_3\}$，而主密钥 $s$ 被保密。

### 4.4.2　生成密钥

每个合法用户 $U_i (1 \leqslant i \leqslant n$，其中环中合法用户总数为 $n$）将其身份 $ID_i$ 发给密钥生成中心，然后密钥生成中心公开 $K_i = H_1(ID_i)$，并且密钥生成中心将 $Y_i = sK_i$ 发送给合法用户 $U_i$。合法用户 $U_i$ 选择 $s_i \in_R Z_q^*$，并且计算 $k_i = s_i Y_i$，$D_i = s_i(P + K_i)$，将 $(s_i, k_i)$ 作为私钥由自己保存，将 $D_i$ 作为公钥公开。

### 4.4.3　产生签名

设合法用户环中的某个用户 $U_a$ 需要请求大数据环境下的服务，为了保证用户 $U_a$ 可以匿名请求访问该服务，$U_a$ 首先要为自己的请求服务信息 $m$ 进行环签名。用户 $U_a$ 的私钥是 $(s_a, k_a)$，其中 $k_a = s_a Y_a$，而公钥是 $D_a = s_a(P + K_a)$。

签名过程为：①对每一个 $i (1 \leqslant i \leqslant n$，$i \neq a)$，$U_a$ 随机选择 $Q_i \in_R G_1(Q_i \neq 1_{G_1})$，计算：$w_i = H_2(m)$。其中 $L$ 是由环中所有用户构成的集合 $L = \{u_1, u_2, \cdots, u_n\}$。②$U_a$ 随机选择 $r \in_R Z_q^*$，计算：

$$Q_a = rK_a - \sum_{i \neq a}(Q_i + w_i D_i), \quad w_a = H(m), \quad \theta = w_a s_a P_0 + w_a k_a + rY_a$$。若 $Q_a = 1_{G_1}$，返回步骤①，直至 $Q_a \neq 1_{G_1}$，最终生成服务请求信息 $m$ 的环签名是：$(m, Q_1, Q_2, \cdots, Q_n, L, \theta, H_3)$。然后把此签名发送给验证者服务器，让服务器验证此签名的真伪。

### 4.4.4 验证签名

验证者服务器收到环签名$(m, Q_1, Q_2, \cdots, Q_n, L, \theta, H_3)$后，对所有的$i \in [1, n]$先计算$w_i = H_2(m)$再验证：$e(P_0, \sum_{i=1}^{n}(Q_i + w_i D_i)) = e(P, \theta)$。

因为$(m, Q_1, Q_2, \cdots, Q_n, L, \theta, H_3)$是服务请求信息$m$的有效环签名，验证者服务器会将$(m, H_3)$发送给服务提供商。如果上述匿名化公式不成立，说明签名无效，验证者服务器就不会将服务请求信息$m$发送给服务提供商。

### 4.4.5 接收服务

服务提供商接收到服务请求信息$(m, H_3)$后，按照请求信息$m$的要求去准备服务。服务准备好后，服务提供商使用密钥$k = H_3(m)$对服务结果（计算结果）进行加密，然后把加密后的服务结果（计算结果）发送给用户环中所有用户。虽然环中所有用户都可以接收到这个加密的服务结果，但是只有那个拥有密钥的用户$U_a$可以通过解密得到真正的服务结果。因为只有匿名请求服务的用户$U_a$自己的服务请求信息$m$，所以只有他知道密钥$k = H_3(m)$。虽然环中每个用户都知道哈希函数$H_3$，但是只有一个用户知道服务请求信息$m$，所以只有匿名请求服务的用户可以得到真正的服务结果。并且这个用户在接收服务结果过程中，他的标识信息不会被服务提供商所识别，从而避免此用户的敏感信息被泄露。

# 4.5 安全性分析

本节基于双线性映射提出了一个新的适用于金融大数据环境的无证书环签名方案。下面将证明所提方案的正确性和安全性。一个无证书环签名必须满足的安全性包括无条件匿名性和不可伪造性。

**定理4.1** 如果请求服务信息$m$的签名$(m, Q_1, Q_2, \cdots, Q_n, L, \theta,$

$H_3$）是有效环签名，则可以通过匿名化公式的验证。

**证明：** 由上述分析，得：

$$e\left(P_0, \sum_{i=1}^{n}(Q_i+w_iD_i)\right)=e\left(P_0, Q_a+w_aD_a+\sum_{i\neq a}(Q_i+w_iD_i)\right)$$

$$=e\left(P_0, rK_a-\sum_{i\neq a}(Q_i+w_iD_i)+w_aD_a+\sum_{i\neq a}(Q_i+w_iD_i)\right)$$

$$=e(sP, rK_a+w_aD_a)$$

$$=e(P, rsK_a+w_ass_a(P+K_a))$$

$$=e(P, rY_a+w_as_asP+w_as_asK_a)$$

$$=e(P, rY_a+w_as_aY+w_ak_a)$$

$$=e(P, \theta)$$

**定理 4.2** 本部分提出方法满足签名者的无条件匿名性。

**证明：** 因为 $Q_i(i\neq a, Q_i\neq 1_{G_1})$ 在 $G_1$ 中是随机选择的，故依次选出 $Q_1$，$Q_2$，$\cdots$，$Q_{a-1}$，$Q_{a+1}$，$\cdots$，$Q_n$ 的概率为：

$$\frac{1}{q-1}\times\frac{1}{q-2}\times\cdots\times\frac{1}{q-n+1}$$

其中 $Q_a=rK_a-\sum_{i\neq a}(Q_i+w_iD_i)$ 计算出 $Q_a$ 也是随机的，故依次选出所有的 $Q_1$，$Q_2$，$\cdots$，$Q_n$ 的概率为：

$$\frac{1}{q-1}\times\frac{1}{q-2}\times\cdots\times\frac{1}{q-n+1}\times\frac{1}{q-n}$$

这个值与实际签名者 $U_a$ 无关。另外，即使攻击者非法获得了所有可能签名者的私钥，并依次用获得的私钥去试探，他能确定出真正签名者的概率不超过 $1/n$（$n$ 为环中成员总数）。

**定理 4.3** 用户在请求和接收大数据环境下的服务时，其标识信息不会被泄露。

**证明：** 用户代表整个用户环 $L$ 为自己的服务请求 $m$ 进行签名后，验证者服务器仅能判断出此服务请求是否来自合法用户环，无法确认是哪个用户产生的服务请求。因此用户的标识信息不会被泄露，用户可以实现匿名访问该服务。当用户接收服务结果时，服务提供商把加密后的服务结果（计算结果）发送给用户环中的所有成员，用户的标识信息不会暴露给服务提供商，实现用户匿名接收该服务。所以本节所提出的方法可以保证用户在请求和接收服务的过程中标识信息不被泄露，进一步保证用户的隐私信息不被泄露。

# 4.6 效率分析

本章所提出的无证书环签名方法与吴问娣等（2006）所提出的无证书环签名方法都是基于椭圆曲线上的双线性映射，算法的运算代价主要依赖于椭圆曲线标量乘运算（记为 SM）和双线性映射运算（记为 BP）。这两种方法在系统初始阶段和公钥私钥生成阶段时间开销的区别不大，而在生成签名和签名验证阶段，本章所提出的方法明显优于吴问娣所提出的方法。假定环中用户的总数为 $n$，则这两种方法的比较结果如表 4-1 所示。

表 4-1 两种无证书环签名的性能比较

| | 生成签名 | 验证签名 |
| --- | --- | --- |
| 吴问娣所提出的方法 | $(2n+2)$ BP+$n$SM | $(2n+2)$ BP+$n$SM |
| 本章 | $(n+1)$ SM | BP+$n$SM |

本章所提出的方法与吴问娣的方法相比，最明显的优势是在生成签名阶段只需要 0 次双线性映射运算，在签名验证阶段只需要 2 次双线性映射运算，而标量乘运算基本相同。因此，本章所提出的方法在效率方面明显高于吴问娣所提出的方法。

# 4.7 小结

在金融大数据环境下，用户在访问和接收服务的过程中，往往担心自己的标识信息被泄露。为了解决这个问题，本章提出一种基于匿名访问控制技术保护金融大数据环境下用户标识信息的方法。该方法使用环签名技术让用户可以匿名访问该服务。因为已有的环签名方案不适用于金融大数据环境，因此本章提出一种新的适用于大数据环境的无证书环签名方案。本章最后证明了所提出的无证书环签名方案的正确性和安全性。

# 5 基于隐私策略匹配算法保护金融大数据环境下的隐私数据

在金融大数据环境下，在用户请求服务的生命周期中，有个问题值得我们研究：如何能让用户快速找到一个可以满足其隐私需求的服务提供商，并且让这个服务提供商为用户提供服务。也就是说，当用户想请求服务时，可能有多个服务提供商都能向用户提供此项服务，这时如何让用户从这些潜在的服务提供商中找出那个能够满足此用户隐私需求的服务提供商是项十分烦琐的工作。因此，如何能快速准确地找出这个服务提供商，是本章研究的重点。让用户快速找出能满足用户隐私需求的服务提供商，就可以实现保护用户隐私的目的。

## 5.1 方法阐述

本章先引入一个例子，说明隐私策略匹配算法在保护金融大数据环境下的隐私数据时的重要性。假设某个用户想在金融大数据环境下请求邮件服务，并且其隐私策略的需求是不允许服务提供商使用自己邮件的内容从事商业活动。假设在当前金融大数据环境下有三个服务提供商都能提供邮件服务。服务商甲的隐私策略是会将用户的邮件内容用于商业活动。服务商乙的隐私策略是不会将用户的邮件内容用于商业活动。服务商丙的隐私策略是有时会将用户的邮件内容用于商业活动，有时则不会。很显然，在当前的金融大数据环境下，服务商乙的隐私策略和用户的隐私策略最匹配。如果服务商乙可以为用户提供此次服务，最能保护用户的隐私信息不被泄露。所以在金融大数据环境下，当用户提出某项服务请求后，如何快速从众多潜在的服务提供商中快速找出与用户隐私策略最匹配的服务商，进而让他为用户提供服务，是本章研究的重点。

为了解决金融大数据环境下用户隐私数据安全问题，一种重要且有效的方法就是在用户的数据文件上添加用户的隐私策略，将两者绑定在一起。用户在发送请求信息时，把上面两部分看作一个整体来发送。用户在向服务器发送请求时，使用 Jar 文件，把服务请求信息和隐私策略绑定在一起。用户会对整体请求信息进行签名操作，在签名时，此用户会使用私有密钥和与其在同一个环上的其他用户的公有密钥。实际上，此环上的其他用户并不知道他们的公有密钥被此用户用来签名。无论任何时候，用户的隐私策略和用户的数据文件都同时存在。基于这种思想，用户向服务器发送的服务请求信息中包含用户的隐私策略和数据文件。通过对用户的隐私策略信息进行分析，找出能满足用户隐私需求的服务提供商，进而实现保护用户隐私的目的。此外，本章还将提出金融大数据环境下的隐私策略匹配模型，然后基于此模型提出隐私策略匹配算法。使用该算法可以快速找到满足用户隐私需求的服务提供商。

# 5.2　金融大数据环境下的隐私策略匹配模型

为了让用户快速找到能满足其隐私需求的服务提供商，从而实现保护用户隐私的目的。本节将提出三种适用于金融大数据环境下的隐私策略匹配模型。这三种模型中的任何一种，都可以让用户快速找到一个可以满足其隐私需求的服务提供商。三种隐私策略匹配模型在执行时间和费用上各有优缺点。本部分将分析那些影响隐私度，执行时间和通信时间的因素，并且还将定义成本函数来评价各种模型的成本费用。

隐私策略匹配的目的就是找出最适合用户的 Service Provider（SP），而这个 SP 的隐私策略和用户的隐私需求具有最大的相似性，并且策略评比的执行是在选择服务阶段被完成的。在策略评比过程中有两个关键因素需要被考虑：隐私需求和效率需求。基于对这两个因素不同的侧重点考虑，本节提出三种策略评比模型：①基于用户的策略评比模型。②基于服务提供商的策略匹配模型。③基于第三方的策略匹配模型。下面将对这三种策略评比模型在执行时间、通信成本和隐私保护度方面进行相应的比较，判断在哪种应用背景下选取哪种隐私策略评比模型。

## 5.2.1 隐私策略匹配时所需要考虑的属性

本节将用一个简单的例子来讲解哪些策略被认为是相似的。假设用户正在寻找一个能提供编程平台的 SP，并用其邮件账号来登录，用户的隐私策略（隐私需求）是：没有人可以使用他的邮件来进行商业目的。假设存在两个 SP，即 SP1 和 SP2 都可以提供这项服务。SP1 的隐私策略是：用户的信息不会被用作商业目的。SP2 的隐私策略是：用户的邮件将被合伙人用作商业目的。很显然 SP1 的隐私策略与用户的隐私策略具有更大的相似性，所以 SP1 将会被给一个高评比分数。

在实际情景中，一个隐私策略经常含有多条规则，每条规则具有要么同意，要么否定的作用。最终决策将被结合考虑，而这些规则结合算法会解决由不同规则所产生的决策间的冲突。为了分析两个复杂策略间的相似性，传统的策略比较方法是基于模型核查。但上述方法计算开销太大。在大数据环境下，计算具有动态性且数据规模也较大，所以传统方法将用户的隐私策略和潜在的可能适合用户的服务提供商的隐私策略进行匹配就变得不可行。

经总结金融大数据环境下所采纳的策略评比方法应该具有如下属性：

属性 1：策略评比方法应该能够节省时间。正如我们先前叙述的，用户在服务网络中可能会面对大量的 SP，而这些 SP 提供的服务和用户所需要的相似。为了让用户快速找到与其隐私策略相似的 SP，然后从该 SP 那里得到服务，策略评比方法应该保证最短的响应时间。这个响应时间由用户来定义，即用户把自己的需求发送给服务网络后得到响应所需的时间。在返还给用户的报告中，根据用户的隐私策略和服务提供商隐私策略匹配度的降序排序结果，来给出潜在服务提供商的降序排列。

属性 2：策略评比方法应该能估算出两个策略的相似性。如果没有全面地分析两个策略的话，评比方法很难接近 100%。基于不同的需求，在设计评比方法时，要考虑两个相互矛盾的方法：一种方法是要允许"虚假策略"的存在，"虚假策略"是指实际上是不相似但是评估为相似的策略。用户可以使用完全策略分析工具来对一部分候选策略进行验证，进而选择出最适合自己隐私策略的服务提供商。另一种更加严格的方法是通过找出策略比较后对应较低的边界。换句话说，如果两个策略被评比为 80% 的相似性，那么这两个策略会对这些请求产生相同的决策，在这种情况下，用户可以跳过完全策略分析来进行验证实际的相似性。

属性 3：策略评比的方法应该尽可能地保护隐私。因为在用户选择 SP 的时候不想把自己的服务需求和隐私策略透露给其他人，在一些情况下，不仅数据含有敏感信息，策略也会含有敏感信息。因此，人们希望策略评比方法在执行策略评比时能使用不经意的方式。

一旦某种策略评比方法被选中，接下来的问题就是：谁来执行大数据环境下的策略比较？为了回答这个问题，本部分提出下面的三种模型，并且分别评价它们的执行费用和隐私保护属性。我们使用 Cp（P1，P2）来表示策略 P1 和策略 P2 的执行时间。

## 5.2.2　基于用户的匹配模型

在这个模型中，用户被认为具有一些处理能力和存储能力。首先，用户从各个 SP 那里收集隐私策略，而这些 SP 都能提供用户所需要的服务。要完成这个，需要注意两点：第一，让一个公共仓库来存储服务及其所对应的隐私策略，并且用户都能访问到这些隐私策略；第二，用户在服务网络中，把自己的服务请求传播出去后，SP 将会把它们的隐私策略发送给用户。当用户收到不同 SP 的隐私策略后，开始执行策略评比程序从而找出最适合自己的隐私策略。也就是说，每个 SP 都提供它自己的隐私策略。比如，当用户需要咖啡时，服务网络中有 3 个 SP 都可以提供咖啡，然后这 3 个 SP 把各自的隐私策略发送给用户，用户执行策略评比算法，从而找出最适合自己的策略，进而向策略对应的 SP 请求咖啡。

## 5.2.3　基于 SP 的评比模型

这个模型依靠 SP 来执行策略评比工作。用户需要把自己的服务请求和隐私需求传播出去，SP 将会运行同一个评比算法来比较隐私策略并且把比较后得出的相似度得分返还给用户。这样，每个用户就得到多个 SP 返还给他的相似度得分，用户从中选出他最喜欢的 SP。因为策略评比是在 SP 端被执行，所以 SP 可以分析考虑他的承包商的隐私策略，并且发送给用户的得分是综合考虑承包商隐私策略集成后的评比得分。这会影响下一步策略集成过程中的工作量，因为策略越相似，下一步策略集成中的工作越少。一个 SP 会得到多个用户的隐私需要，然后使用相同的策略评比算法，计算出相似度分数返还给用户，从而使得一个用户可以得到多个 SP 给的相似度分数，用户再根据需要选出自己喜欢的 SP 模型。

在考虑隐私方面，基于 SP 的评比模型与基于用户的匹配模型相比，要求用户泄露更多信息，在执行时间方面，全部重担都给了 SP。

### 5.2.4　基于经纪人的评比模型

在前面两个模型中，要不就是用户需要进行计算，从而避免把自己的隐私策略泄露给 SP，要不就是 SP 需要进行计算。能不能把上面两种局限同时解决？答案就是要存在被信任的第三方（在用户和 SP 间充当经纪人）。经纪人从 SP 那里收集策略，然后存储一段时间，存储时间的长短根据 SP 的活跃度决定。如果 SP 很活跃，那么存储时间就长。当用户请求一项服务时，他只需要把服务请求和隐私要求发送给经纪人，然后经纪人负责执行策略评比，返还给用户的结果是一个表，表上各个 SP 按照评比的分数被排序。

基于经纪人的评比模型有两个优点：①被信任的经济人可以保护用户和 SP 的隐私。②这个模型可以节省通信费用，当多个用户请求相同的服务时，可以避免从相同的 SP 那里多次收集策略。

### 5.2.5　三种评比模型的比较

本部分将对基于用户的匹配模型、基于 SP 的评比模型和基于经纪人的评比模型的特点进行分析总结，并从三个角度来进行比较分析。三个分析角度包括：①执行费用；②通信费用；③隐私保护度。分析比较的结果如表 5-1 所示，其中用了三个等级：低、中、高。

表 5-1　三种隐私策略匹配模型的比较

| 角度 ＼ 模型 | 基于用户的匹配模型 | 基于 SP 的评比模型 | 基于经纪人的评比模型 |
|---|---|---|---|
| 执行费用（用户端） | 高 | 中 | 低 |

续表

| 角度＼模型 | 基于用户的匹配模型 | 基于 SP 的评比模型 | 基于经纪人的评比模型 |
|---|---|---|---|
| 执行费用（SP 端） | 高 | 高 | 低 |
| 通信费用（用户端） | 高 | 中 | 低 |
| 通信费用（SP 端） | 高 | 中 | 低 |
| 隐私保护度（用户端） | 高 | 低 | 中 |
| 隐私保护度（SP 端） | 低 | 高 | 中 |

　　首先，针对执行费用角度进行分析。基于用户的匹配模型在用户端和 SP 端都产生高执行费用，因为用户端和 SP 端都要参与策略评比，用户需要将其策略和多个候选 SP 的策略进行比较，故而产生的执行费用为高。在基于 SP 的评比模型中，用户端只需要对策略匹配结果进行重新排序，故而在客户端耗费的执行费用为中，但在 SP 端耗费的执行费用为高。基于经纪人的评比模型在用户端耗费的执行费用最低，因为不需要用户进行任何计算。并且在 SP 端耗费的执行费用也最低，因为经纪人可以使用已经存放的双方的策略。特别是，如果一些用户（或者一些 SP）具有相同或相似的策略时，经纪人就可以避免重复的策略比较，从而节省执行开销。因此，基于经纪人的评比模型在客户端和 SP 端耗费的执行费用都较低。

　　其次，针对通信费用角度进行分析。基于用户的匹配模型要求 SP 把隐私策略发送给用户，而 SP 的隐私策略被认为比用户的隐私需求更复杂，这样使基于用户的匹配模型在用户端和 SP 端产生更多的通信费用。基于经纪人的评比模型是通过只收集双方的策略一次（排除考虑策略更新和经纪人存储空间有限），因此在用户端和 SP 端产生的通信费用都为低。基于 SP 的评比模型在用户端和 SP 端产生的通信费用都为中。

　　最后，针对隐私保护度角度来分析，基于用户的匹配模型在用户端可以提供的隐私保护度为高，因为用户可以推迟其隐私泄露的风险，直到找到合适的 SP。基于用户的匹配模型在 SP 端提供的隐私保护度为低。但是，基于 SP 的评比模型在用户端提供的隐私保护度为低，在 SP 端提供的隐私保护度为高。基于经纪人的评比模型，在经纪人是可信的情况下，也可以同时保护用户端和 SP 端的隐私，提供的隐私保护度都为中。

# 5.3 隐私策略匹配算法

本章前面提出三种适用于金融大数据环境下的隐私策略匹配模型。本节将使用基于经纪人的评比模型，来提出一种新的策略匹配算法（见表5-2）。因为在上一节中，我们讲到用户代表整个用户环 $L$ 为自己的服务请求信息 $m$ 签名 $\theta$ 后，服务器作为验证者将会收到 $(m, \theta, H_3)$。如果服务器验证签名 $\theta$ 有效，则会从服务请求信息 $m$ 中获取用户的隐私策略，然后再把服务网络中能够提供此服务的潜在的服务提供商的隐私策略全部发送到服务器进行策略匹配，得出一个策略匹配得分表，得分最高的就是那个应该提供服务的服务提供商。找到最适合的服务提供商后，服务器将会把 $(m, H_3)$ 发送给此服务提供商，让他提供服务。这样既可以快速找到能满足用户隐私需求的服务提供商，又可以实现保护用户隐私的目的。

**表 5-2　隐私策略匹配算法**

1：Procedure ComputePhiMapping （R1，R2，e）

2：输入：R1 和 R2 是规则集合中的两个规则，e 是算法的阈值

3：for each rule $r1 \in R1$

4：$\Phi (r1) = \varnothing$

5：for each rule $r2 \in R2$

6：if $S_{rule} (r1, r2) \geqslant e$ then

7：$\Phi (r1) = \Phi (r1) \cup \{r2\}$

8：return $\Phi$

9：ComputeRuleSimilarity （$r_1$，$\Phi$）

10：输入：$r_1$ 是一个规则，并且 $\Phi$ 是规则间的映射

11：for each rule $r_2 \in \Phi$

12：sum＝sum＋$S_{rule} (r_1, r_2)$

13：$rs = \dfrac{sum}{|\Phi|}$

14：return $rs$

15：PSM （P1，P2）

16：输入：策略 P1 具有 n 个规则 $\{r_{11}, r_{12}, \cdots, r_{1n}\}$，P2 具有 m 个规则 $\{r_{21}, r_{22}, \cdots, r_{2m}\}$

17：for each rule $S_{rule} (r_1, r_2)$

续表

18：$S_{rule}$（$r_{1i}$，$r_{2j}$）// compute similarity score of rules

19：for each rule $r_{1i} \in DR_1$

20：for each rule $r_{2j} \in DR_2$

21：$S_{rule}$（$r_{1i}$，$r_{2j}$）// compute similarity score of rules

22：$\Phi_1^P \leftarrow$ ComputePhiMapping（$PR_1$，$PR_2$，$e$）

23：$\Phi_2^P \leftarrow$ ComputePhiMapping（$PR_2$，$PR_1$，$e$）

24：$\Phi_1^D \leftarrow$ ComputePhiMapping（$DR_1$，$DR_2$，$e$）

25：$\Phi_2^D \leftarrow$ ComputePhiMapping（$DR_2$，$DR_1$，$e$）

26：for each rule $r_{1i} \in P_1$

27：if $r_{1i} \in PR_1$ then

28：$rs_{1i} \leftarrow$ ComputeRuleSimilarity（$r_{1i}$，$\Phi_1^P$）

29：els if $r_{1i} \in DR_1$ then

30：$rs_{1i} \leftarrow$ ComputeRuleSimilarity（$r_{1i}$，$\Phi_1^D$）

31：for each rule $r_{2j} \in P_2$

32：if $r_{2j} \in PR_2$ then

33：$rs_{2j} \leftarrow$ ComputeRuleSimilarity（$r_{2j}$，$\Phi_2^P$）

34：els if $r_{1i} \in DR_1$ then

35：$rs_{2j} \leftarrow$ ComputeRuleSimilarity（$r_{2j}$，$\Phi_2^D$）

36：$S_{rule-set}^P \leftarrow$ average of $rs$ of permit rules

37：$S_{rule-set}^D \leftarrow$ average of $rs$ of deny rules

38：$S_{policy}$（$P_1$，$P_2$）$= S_T$（$P_1$，$P_2$）$+ w_p S_{rule-set}^P + w_d S_{rule-set}^D$

# 5.4　安全性分析

下面将对本章所提出的隐私策略匹配算法 PSM 的安全性进行分析。

首先将用户的输入数据分为以下三类：

公开数据（P）：任何参与方都可以访问公开数据，包括恶意者。

敏感数据（S）：敏感数据必须被保护，恶意者不能访问。

未知数据（U）：未知数据不同于敏感数据。一般情况下不允许恶意者访问未知数据，但是如果能保证恶意者无法使用该数据推测出敏感数据的话，可以允许恶意者访问未知数据。

设 $X = (P, U)^T$ 服从正态分布 $N(0, \sum)$，其中 $\sum = \begin{pmatrix} 1 & r \\ r & 1 \end{pmatrix}$，$r$ 表示 $P$ 和 $U$ 两者之间的关系，并且 $-1 < r < 1$。假设从正态分布 $N(0, \sum)$ 中得到 $n$ 个独立的样本 $(x_1, x_2, \cdots, x_n)$。使用预测模型 $M_0$，对公开数据 $p_i$ 和未知数据 $u_i$ 进行比较，可以得出的关于敏感数据 $s_i$ 的信息如下：

当 $p_i \geqslant u_i$ 时，$s_i = M_0(x_i) = 1$；

$p_i < u_i$ 时，$s_i = M_0(x_i) = 0$。

其中，$p_i$ 作为公开数据，可以被任何参与方访问。$u_i$ 作为未知数据，不能被恶意者访问，并且 $u_i$ 只能由第 $i$ 个参与方 $P_i$ 访问。$s_i$ 作为敏感数据，是需要被保护的。虽然恶意者知道 $X$ 服从正态分布 $N(0, \sum)$，但是恶意者不一定知道参数 $r$。

**定理 5.1** 本章所提出的 PSM 算法可以避免各参与方输入数据中的隐私信息被泄露。

**证明：** 要证明 PSM 算法能够避免隐私信息被泄露，只需要证明在该算法中恶意者通过使用预测模型 $M_0$，无法推测出敏感数据 $s_i$。假设公开数据 $p_i$ 来自第 $i$ 个参与方，并且 $p_i$ 被恶意者获得。恶意者通过使用 $u_i$ 的边缘分布，推出 $(p_i, u_i)^T$ 的联合分布。然后，恶意者通过使用 $(U|P)$ 的条件分布和预测模型 $M_0$，对敏感数据 $s_i$ 进行推测。

当恶意者不使用 PSM 算法中的预测模型 $M_0$ 对敏感数据 $s_i$ 进行推测时，得出下列信息：

$$\Pr\{S = 1 \mid P = p\} = \Phi\left(\frac{1-r}{\sqrt{1-r^2}} p\right)$$

当 $p \geqslant 0$ 时，$\Pr\{S = 1 \mid P = p\} \geqslant 1/2$；$p < 0$ 时，$\Pr\{S = 1 \mid P = p\} < 1/2$。其中 $\Phi(\cdot)$ 是正态分布 $N(0, 1)$ 的累积分布函数。所以，当 $p_i > 0$ 时，$s_i = 1$；$p_i \leqslant 0$ 时，$s_i = 0$。

当恶意者使用 PSM 算法中的预测模型 $M_0$，对敏感数据 $s_i$ 进行推测时，可以得出下列信息：

$\Pr\{U \leqslant P \mid P = p_i\} > 1/2$ 时，$s_i = 1$；$\Pr\{U \leqslant P \mid P = p_i\} \leqslant 1/2$ 时，$s_i = 0$。

观察上面的推导结果，得知在两种情况下，恶意者对敏感数据 $s_i$ 的推测结果是相同的，即 $\Phi\left(\dfrac{1-r}{\sqrt{1-r^2}}p_i\right)=\mathrm{Pr}\ \{U\leqslant P\mid P=p_i\}$。这说明恶意者即便使用预测模型 $M_0$，也无法获得关于敏感数据 $s_i$ 的额外信息。这也证明了恶意者无法通过预测模型 $M_0$ 推测出敏感数据 $s_i$ 的值。因此，PSM 算法可以避免各参与方的输入数据中的隐私信息被泄露。

# 5.5　小结

当用户在金融大数据环境下提出自己的服务请求后，如果能从服务网络中众多的服务提供商中快速找到一个与用户的隐私策略相匹配的服务提供商，让这个服务提供商为用户提供服务，是最能保护用户隐私信息的方式。为了达到以上目的，本章提出了三个隐私匹配模型，并且在隐私匹配模型的基础上提出了隐私策略匹配算法。使用该算法可以快速地为用户找到与自己隐私策略最匹配的服务提供商，进而保证用户在请求接收服务的过程中，自己的隐私信息不被泄露。

# 6 基于最小属性泛化算法保护金融大数据环境下的隐私数据

当用户在金融大数据环境下请求某项服务时，服务提供商往往要求用户提供某些属性值，以便准备相应的服务。如果用户直接把这些属性值发送给服务提供商，这些属性中的敏感信息就有可能被泄露。为了解决该问题，传统的方法是让用户在发送自己的属性值前，先对自己的属性值进行加密。然后把加密后的结果发送给服务提供商，服务提供商接收到加密的属性值后，需要先解密然后才能去准备服务。因为加密、解密的过程需要耗费很多时间，所以能否使用泛化技术，进而既能节省时间，又能达到保护用户敏感属性值，将是本章研究的重点。

## 6.1　本方向相关研究介绍

在金融大数据环境下，用户为了成功请求和接收服务，需要向服务提供商提供某些属性值。为了防止此过程中用户的隐私信息被窃取，一般使用加密、解密的方法。但是加密、解密的过程需要耗费大量时间，因此本章将研究如何用泛化技术来代替加密、解密技术。用户首先对自己的属性值进行泛化，泛化成一个个区间，然后再把泛化后的结果发送给服务提供商。对于接收到的结果，服务提供商可以直接使用它，不需要解密。因为泛化后属性值都是一个个区间段，即使恶意者窃取到被传输的数据也无法推测出原始的属性值，所以不会威胁用户的个人隐私。服务提供商接收到用户泛化后的属性值后，需要判断这行记录添加到自己的泛化表格后，是否继续满足 K-匿名。为了避免这行记录和表格中的数据相互访问，从而泄露隐私信息。本章使用数据交集的技术，设计一种隐私匹配协议，从而使双方在互不访问彼此数据的情况下，判断出服务提供商端更新后的表格是否仍然满足 K-匿名。如果添加新记录后仍然满足 K-匿名，则将这条用户泛化后的记录添加到表格中。然后，服务提供商使用本章所提出的最小属性泛化算法，对用户泛化后的属性值进行分析，从而推测出用户的真正需求，进而为用户提供服务。

## 6.2  总体思路

首先，假设终端用户在金融大数据环境下想从服务提供商那里请求某项服务，那么服务提供商将会要求用户提供一些属性值，从而保证将来的服务结果能够发送给正确的用户。但是，如果用户把自己的属性值（如地址、性别、电话号码等）发送给服务提供商，则会具有非常大的安全隐患。因为如果其他恶意者截获这些属性值，就会很容易地识别出终端用户。为了避免用户的敏感信息被泄露，要求用户在将自己的相关属性值发送给服务提供商之前，使用基于 K-匿名的方法预先处理这些属性值。

使用加密的方法来保护这些属性值并不是有效的方法。因为如果服务提供商不对接收到的信息进行解密的话，就无法知道用户的真正需求，也就无法安排服务的加工和发送。另外，一旦服务提供商对用户的信息解密后，这些用户的属性值就完全暴露给服务提供商，必然存在很大的安全威胁。因此，如果使用泛化的方法来处理发送前用户的属性，然后再把泛化后的数据发送给服务提供商，那么服务提供商不需要解密就可以直接使用这些信息来安排服务。使用泛化的方法既可以节省时间（因为加密、解密需要耗费大量的时间），又具有安全性（因为服务提供商看到的属性值都是泛化后的一个个区间段，无法推测出用户的准确属性值）。

其次，当客户端向服务提供商发送其属性集合前，服务提供商应首先将匿名后的敏感属性集合发送到客户端。我们认为敏感属性集合被匿名后，就无法确定该集合的标识符，进而避免标识符攻击。客户端收到匿名后的敏感属性集合后，将会验证自己的属性集合是否满足这个敏感属性集合的 K-匿名。

再次，在用户将泛化后的数据发送给服务提供商之前，应该首先判断自己泛化后的数据被添加到服务提供商的数据表后是否仍满足 K-匿名。在判断过程中，用户可以使用下文提出的隐私匹配协议。如果判断的结果是仍然满足 K-匿名，则用户可以将自己泛化后的数据发送给服务提供商。

最后，如果隐私匹配协议的输出结果是 OK，则服务提供商可以使用最小属性泛化算法，分析出哪些是最小关键属性（它是和整个服务请求相关的）。最小关键属性不用泛化，其他属性都要泛化，再把泛化后的记录发送给服务提供商。随后，服务提供商从接收到的数据中分析出用户的真正需求，开始准备加工服务，并把服务结果发送给正确的用户。

# 6.3　隐私匹配协议

本章使用隐私匹配技术是为了保证在对用户和服务提供商的数据求取交集的过程中，彼此不能访问对方的数据（Yang et al.，2006）。在不泄露用户敏感信息的情况下，可以判断用户泛化后的记录是否满足服务提供商端数据表的 K-匿名。下面将详细介绍本节所提出的隐私匹配协议。

（1）客户端和服务提供商首先把属性序列化，把属性集合链接起来，然后把数据集合转换成被链接后属性值的字符串，并且产生集合 $v_s$ 和 $v_c$。其中 $v_c$ 集合是客户端的行记录，此记录中所包含的属性都是和当前申请的服务相关的。$v_s$ 集合是服务提供商端的行记录，此记录中所包含的属性值也是和当前申请的服务相关的。

注意：客户端的用户在将自己的数据添加到服务提供商的数据表之前，首先要判断自己的数据被添加后，是否满足 K-匿名。令 $|Vc|=1$，因为在向服务提供商端的数据表添加新记录前，集合 $Vc$ 内只有一条记录被等待检查。令 $|Vs|\geq 1$，因为在被检查前集合 $Vs$ 可能具有很多行记录。

（2）令 C 代表客户端，令 S 代表服务提供商，然后对 C 端和 S 端的数据集都使用哈希函数 $h$。

$X_c = h(v_c)$

$X_s = h(v_s)$

客户端和服务提供商端都随机选择一个密钥，ec 是客户端的密钥，es 是服务提供商端的密钥。

（3）参与双方都对哈希函数运算后的结果进行加密：

$$y_c = Fec(X_c) = Fec(h(v_c))$$

$$y_s = Fes(X_s) = Fes(h(v_s))$$

（4）客户端将它加密运算后的结果 $y_c = Fec(h(v_c))$ 发送给服务提供商。

（5）服务提供商将加密运算后的结果 $y_s = Fes(h(v_s))$ 发送给客户端。

服务提供商使用密钥 es 对 $Yc$ 集合中的每一条记录 $y$ 进行加密后，把运算结果发送给客户端，得到二元组对：$\langle y, Fes(y) \rangle = \langle Fec(h(v)), Fes(Fec(h(v))) \rangle$。

（6）客户端使用密钥 ec 对 $Ys$ 集合中的每一条记录 $y$ 进行加密后，得到 $z_s = Fec(y) = Fec(Fes(h(v)))$，其中 $v$ 表示集合 $Vs$ 中的任意一条记录。

同理，从之前的步骤（5）中可以得出二元组对 $\langle Fec(h(v)), Fes(Fec(h(v))) \rangle$，其中 $v$ 表示集合 $Vc$ 中的任意一条记录。将 $Fec(h(v))$ 替换成相对应的 $v$ 之后，得出 $\langle v, Fes(Fec(h(v))) \rangle$。

（7）因为集合 $Vc$ 中只有一条记录 $v$，所以如果此记录 $v$ 满足 $Fes(Fec(h(v)))$，则说明此记录 $v$ 也属于集合 $Vs$。因此可以得出集合 $Vs$ 和集合 $Vc$ 或者具有一条相同的记录，或者不具有相同的记录。

集合 $Vs$ 和集合 $Vc$ 具有一条相同的记录，等价于 $|Vs\&Vc| = 1$。

集合 $Vs$ 和集合 $Vc$ 不具有相同的记录，等价于 $|Vs\&Vc| = 0$。

（8）如果 $|Vs\&Vc| = 1$，则说明客户端用户的新记录和 $Vs$ 集合中的某条记录是相同的。所以，客户端的新记录是满足服务提供商端数据表的 K-匿名的。因此，此协议将会输出 OK。如果 $|Vs\&Vc| = 0$，则客户端用户的新记录和集合 $Vs$ 中的任意一条记录都不相同。所以，客户端的新记录是不满足服务提供商端数据表的 K-匿名。然后此协议将会输出 False。

# 6.4 最小属性泛化算法

当金融大数据环境下的服务提供商接收到泛化后的数据后，因为用户的属性值都被泛化成一个个区间，所以服务提供商面临着以下挑战：如何从这些泛化后的数据中分析出用户的真正需求，以及如何找出此项服务成功执行所需要的关键属性的准确值。为了解决上述问题和泛化后的数据信息丢失问题，本节提出了最小属性泛化算法。服务提供商使用最小属性泛化算法可以从泛化后的数据中分析出用户的真正需求，并且推测出和当前服务密切相关的一些关键属性的真实值，进而准备和发送服务。另外，传统的加密和解密算法虽然可以用来保护用户敏感信息在通信过程中不会被泄露，但是加密和解密环节需要浪费较多时间。因此，不使用加密、解密算法，直接使用本节提出的最小属性泛化算法，同样可以让服务提供商知道目标用户的真正需求，且不会暴露目标用户的标识隐私信息。

根据最小泄露的安全保护准则，在保证任务完成的情况下，应该把对用户数据的访问权限缩小到最小。基于此目的，我们在所提出的最小属性泛化算法中设计了最小用户属性向量。最小用户属性向量致力于保证整个服务周期的正常完成，要求尽量少的关键属性不被泛化，其他属性值则被泛化成一个个区间，进而实现保护用户敏感信息的目的。设计基于图论的服务转换模型，该模型就是一个从初始状态开始到最终状态结束的应用服务路径，并且该模型具有状态转换路径上所必需的泛化层次集合。这样最小属性泛化问题就转换为如何去带权的服务转换图中找出从初始状态到最终状态的最短路径的问题。

服务提供商所提供的服务可以被描述为服务转换图 G =（V，E），其中 V 是顶点集合，表示属性的最终状态集。每一个顶点对应一个属性。E是边的集合，表示这条边上的两个顶点是否会出现在同一个服务中。例如，边（A1，A2）表明属性 A1 和属性 A2 可以出现在同一个服务中。如果顶点 A1 和顶点 A2 之间没有边进行连接，则表明这两个属性不能出现在同一个服务中。

每条边被赋予权重 $w_j^i$，并且 $w_j^i = h_j^i \times \Phi^i$。其中，$i$ 是这条边的开始顶点的属性名称，$j$ 表示该属性 $i$ 在某个服务中被泛化的层次。

如图 6-1 所示，令 $h_j^i$ 是边的标签，表示某个状态转换所需要的泛化层次。例如，边（A1，A2）被赋予的标签为 $h_3^1$，则表示属性 A，如果想从状态 A1 转换到状态 A2，所需要的泛化层次为 3。

令 $\Phi^i$ 是属性敏感度。$\Phi^i = 0$ 表明属性 $i$ 对于当前这个服务十分重要，因此该属性在这个服务中不需要被泛化匿名。$\Phi^i = 1$ 表明属性 $i$ 针对当前这个服务可以被泛化匿名。

令 $W$：$H \times \Phi \to w \in R^+$ 是边的权向量函数，把边的属性泛化标签 $h_j^i$ 和属性敏感度 $\Phi$，映射为边的权向量 $w$。

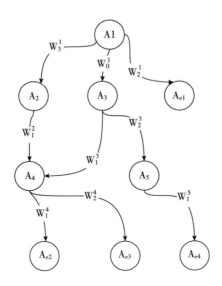

**图 6-1 带权的服务转换图**

令某个服务的路径可表示为 $P = \{e_o, \cdots, e_{n-1}\}$，则该路径的长度被定义如下：

$$\theta(UP) = \sum_{i=o}^{n-1} W(e_i, \Phi^i) = \sum_{i=o}^{n-1} \Phi_i e_i . h_j^i$$

根据以上对服务转换加权图 $G$ 和路径长度的定义，最小属性泛化问题可以简化为寻找初始状态 $s_0$ 和最终状态 $s_f$ 之间的最短路径问题。

表 6-1 提出的算法 MAGA，将用来计算最小用户属性向量。算法 MAGA 的第 3~7 行，初始化服务转换图生成边和状态转换所对应的权向量。状态转换过程中需要使用边的权向量函数，而这些权向量函数中又包括用户属性的敏感度和泛化层次。算法 MAGA 的第 8~12 行，初始化从 $s_0$ 到其他顶点的距离。d［u］表示从 $s_0$ 到 u 的最短距离，pi［u］则表示在最短路径中 u 的祖先。第 13~22 行，计算从 $s_0$ 到所有转换状态的最短路径。第 23~32 行，计算最小用户属性向量，而此向量是初始状态 $s_0$ 被成功转换到最终目标状态 $s_f$ 所必需的。

**表 6-1 算法 MAGA**

| |
| --- |
| 1：输入：服务转换图 G＝（V，E），用户目标状态 $s_t$ |
| 2：输出：用户最小属性 $UP^*$ |

续表

3： $V_R \leftarrow V$

4： $E_R \leftarrow E$

5： //Generating the reduced graph

6： for each $e \in E_R$

7： $e.w = \Phi_{e.a} * e.h$

8： //Initialize distance from $s_0$

9： for each $v \in V_R$

10： d [ v ] $= \infty$

11： pi [ v ] $= \{ \}$

12： d [ $s_0$ ] $= 0$

13： //Computing Shortest Path from $s_0$

14： S $= \{ \}$

15： Q $\leftarrow V_R$//Priority Queue on d [ u ]

16： while Q is not Empty

17： u $=$ ExtractMin ( Q )

18： S $\leftarrow$ S $\cup$ $\{ u \}$

19： for each $v \in$ adjacent ( u )

20： if d [ v ] $>$ d [ u ] $+$ w ( u, v )

21： d [ v ] $=$ d [ u ] $+$ w ( u, v )

22： pi [ v ] $=$ u

23： //Tracing User Minimal Attribute $UP^*$

24： $UP^* = \{ \}$

25： if d [ $s_t$ ] $= = \infty$

26： return $UP^*$

27： u $= s_t$

28： do

29： $UP^* = $ ( pi [ u ], u ) . h $\cup UP^*$

30： u $=$ pi [ u ]

31： while pi [ u ] $\neq s_o$

32： return $UP^*$

# 6.5 案例研究

虽然人们越来越关注金融大数据环境下隐私信息的安全问题，但是目前相关的研究还比较少。当用户请求服务时，用户的很多属性值要在用户和服务提供商之间来回传递。如何保护用户的敏感属性值，并且避免恶意者的标识符攻击，是亟待解决的问题。目前已有的较多解决方法是对用户的属性值加密后再进行发送。虽然这种方法可以保证服务过程中隐私不被泄露，但是服务提供商必须先对收到的信息进行解密才能进行之后的服务加工。这种方法因为加密、解密的操作需要耗费很多时间。因此本章所提出的方法在隐私保护方面和传统的加密、解密方法是有很大区别的。

假设某个用户想在金融大数据环境下订购一个披萨。该用户把订购披萨的服务请求发送给服务网络后，服务提供商甲想为用户提供这项服务。为了避免在请求和接收服务的过程中用户的属性被泄露可以采取以下措施。假定服务提供商甲的数据集满足3-匿名。则服务提供商甲将要求用户将其属性进行匿名泛化。如果用户泛化后的数据仍然满足服务提供商端数据表的3-匿名，则允许用户将泛化后的属性值发送给服务提供商甲。服务提供商甲接收到用户泛化后的属性值后，使用前文提出的最小属性泛化技术，分析出和当前订购披萨服务密切相关的关键属性的真实值并准备服务，然后将服务结果发送给正确的用户。

假定为完成当前订购披萨的服务，服务提供商甲要求用户提供的原始属性集如表6-2所示。用户对表6-2中的属性集进行泛化，生成表6-3中的结果。在表6-3中，因为电话号码是关键属性，所以没有被泛化，其他属性都被泛化，从而实现保护隐私信息的目的。服务提供商甲已经拥有的数据集如表6-4所示。因为用户泛化后的数据仍然满足服务提供商端数据表的3-匿名，所以此用户将泛化后的数据发送给服务提供商甲，并且更新成表6-5。观察发现，表6-5仍然满足3-匿名。服务提供商甲根据表6-5中的信息，使用最小属性泛化技术，了解用户的真正需求，进而为用户准备服务，最后将服务结果发送给指定用户。

表6-2　原始用户的属性集

| Age（年龄） | Zip code（邮政编码） | Gender（性别） | Phone Num（电话号码） |
| --- | --- | --- | --- |
| 27 | 555789 | M | 8456789090 |

表6-3　匿名泛化后的用户的属性集

| Age（年龄） | Zip code（邮政编码） | Gender（性别） | Phone Num（电话号码） |
|---|---|---|---|
| 20~30 | 555＊＊＊ | ＊ | 8456789090 |

表6-4　服务提供商端的数据集

| Age（年龄） | Zip code（邮政编码） | Gender（性别） | Phone Num（电话号码） |
|---|---|---|---|
| 20~30 | 555＊＊＊ | ＊ | 8142346789 |
| 20~30 | 555＊＊＊ | ＊ | 8123456789 |
| 20~30 | 555＊＊＊ | ＊ | 2346789090 |
| 30~40 | 987＊＊＊ | ＊ | 2589098909 |
| 30~40 | 987＊＊＊ | ＊ | 3456789090 |
| 30~40 | 987＊＊＊ | ＊ | 7345678902 |

表6-5　更新后的服务提供商端的数据集

| Age（年龄） | Zip code（邮政编码） | Gender（性别） | Phone Num（电话号码） |
|---|---|---|---|
| 20~30 | 555＊＊＊ | ＊ | 8142346789 |
| 20~30 | 555＊＊＊ | ＊ | 8123456789 |
| 20~30 | 555＊＊＊ | ＊ | 2346789090 |
| 20~30 | 555＊＊＊ | ＊ | 8456789090 |
| 30~40 | 987＊＊＊ | ＊ | 2589098909 |
| 30~40 | 987＊＊＊ | ＊ | 3456789090 |
| 30~40 | 987＊＊＊ | ＊ | 7345678902 |

# 6.6　安全性分析

**定义 6.1**　（隐私保护性）对于一个协议 $PPDM$，如果对于任何隐私数据 $PD$，都能够找出一个 $\varepsilon$，使其满足 $|\Pr(PD\,|\,PPDM)-\Pr(PD)|\leqslant\varepsilon$，则此协议具有隐私保护的性质（Zhan，2008）。

$PD$：表示隐私数据。

*PPDM*：表示基于隐私保护的算法。

$PD_{P_i}$：表示 $P_i$ 的隐私数据。

$EXT_{P_i}$：表示 $P_i$ 通过算法能够获得的额外信息。

$GAIN_{P_i}$：表示 $P_i$ 通过使用算法可以访问另一参与方的隐私数据的优势。

$GAIN_{SEC}$：表示 $P_i$ 通过使用算法并阅读语义上的密文可以访问另一参与方的隐私数据的优势，这种优势在所使用的同态加密系统中可以忽略不计。

$\Pr(PD)$：在不使用任何基于隐私保护算法的情况下，隐私数据 $PD$ 被泄露的概率。

$\Pr(PD \mid PPDM)$：使用基于隐私保护的算法 *PPDM* 后，隐私数据 $PD$ 被泄露的概率。

$\mid \Pr(PD \mid PPDM) - \Pr(PD) \mid$：在使用隐私保护算法和不使用隐私保护算法的情况下，隐私数据 $PD$ 被泄露的概率值的差。

$\varepsilon$：隐私保护度，$\varepsilon$ 的值越小说明隐私保护程度越高。

**定理 6.1** 算法 MAGA 具有隐私保护性。

**证明：** 根据定义 6.1，要证明算法 MAGA 具有隐私保护性，只需要找出 $\varepsilon$，使其满足 $\mid \Pr(PD \mid MAGA) - \Pr(PD) \mid \leqslant \varepsilon$。

因为每个参与方 $P_j$ 通过使用 MAGA 算法可以访问另一参与方的隐私数据的优势可以表示为：

$$GAIN_{P_j} = \Pr(PD_{P_k} \mid EXT_{P_j}, \ MAGA) - \Pr(PD_{P_k} \mid EXT_{P_j}), \ k \neq j。$$

当 $1 \leqslant j \leqslant n$，$j \neq i$ 时，每个参与方 $P_j$ 使用其随机生成向量只和参与方 $P_i$ 运行安全点积协议，并且参与方 $P_j$ 使用其私有输出值和其他参与方运行安全多方协议，因此 $GAIN_{P_j} = GAIN_{SEC}$，$j \neq i$。

因为 $GAIN_{SEC}$ 表示 $P_j$ 通过使用算法并阅读语义上的密文可以访问另一参与方的隐私数据的优势，这种优势在所使用的同态加密系统中可以忽略不计。因此，$GAIN_{P_j}$ 可忽略不计。

参与方 $P_i$ 对接收到的其他参与方的信息进行解密，并且对其他参与方的私有输出值的符号进行解密后，只会知道最终权向量中自己那一部分的私有值，而这一部分值实际上就是 $P_i$ 的最终输出值。$P_i$ 无法通过算法获得额外的信息，也就无法预测其他参与方的私有数据。所以，可以认为：

$$\varepsilon = \max \ (GAIN_{P_i}, \ GAIN_{P_j}) = GAIN_{P_i}。$$

因此，对于每一个 $k$，$j \in \{1, \cdots, n\}$，$k \neq j$，得出：

$\Pr(PD_{Pk} \mid EXT_{Pj}, \text{MAGA}) - \Pr(PD_{Pk} \mid EXT_{Pj}) \leqslant GAIN_{Pi} = \varepsilon$。

所以最终可以找到一个 $\varepsilon = GAIN_{Pi}$，使得 $|\Pr(PD \mid \text{MAGA}) - \Pr(PD)| \leqslant \varepsilon$ 成立，即 MAGA 算法具有隐私保护性。得证。

# 6.7 实验分析

本节将通过实验来表明算法 MAGA 的应用性和性能。本实验将使用 IBM Quest Synthetic Data Generator 软件来生成实验数据，并使用多台服务器来虚拟多个计算节点。整个实验由 Java 语言编程实现。实验所使用的电脑配置如下：CPU 是 Intel Core i3、2.13GHz，内存是 8G，硬盘是 8T，操作系统是 Windows 10 Professional。

## 6.7.1 执行效率的评价与分析

本实验将算法 MAGA 和传统的加密、解密算法 TEDA 的执行时间进行比较。在本实验中，计算节点的数目从 1 增加到 10，以便观察 MAGA 算法和 TEDA 算法在执行时间上的区别。在数据集 T20. I5. N100K. D100K 上进行实验，实验结果如图 6-2 所示。从该图中可以发现：随着计算节点数目的增多，这两种算法的执行时间都会减少。当系统中只有一个计算节点可用时，MAGA 算法和 TEDA 算法所耗费的时间基本一致。当可用的计算节点增加到 2~3 个时，MAGA 算法的执行时间略高于 TEDA 算法。当可用的计算节点数超过 3 个时，MAGA 算法的执行时间要明显少于 TEDA 算法。原因在于 TEDA 算法需要在加密和解密操作过程中耗费大量的时间。

## 6.7.2 隐私泄露度的比较与分析

本节将比较算法 MAGA 与传统加密算法 TEDA 在隐私泄露度上的差别。通过观察图 6-3 中的实验结果可以发现，当加密密钥长度和参与方数

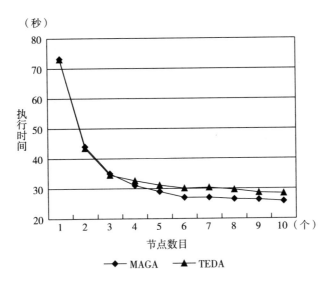

**图 6-2 算法 MAGA 与算法 TEDA 在执行时间上的区别**

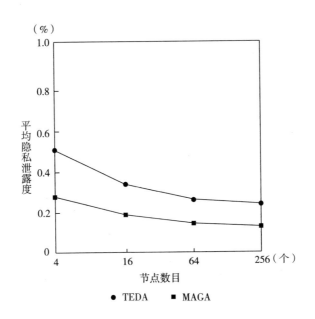

**图 6-3 算法 MAGA 与算法 TEDA 在平均隐私泄露度上的比较**

目不变时，随着计算节点数目的增多，两种算法的平均隐私泄露度都逐渐
减少，并且在节点数目从 4 增加到 16 的过程中，算法 TEDA 的平均隐私泄

露度减少的趋势更快。当计算节点的数目大于 200 之后，两种算法的平均隐私泄露度都趋于一个稳定值。如图 6-3 所示，在整个实验过程中，本节所提出的算法 MAGA 的平均隐私泄露度始终要小于算法 TEDA 的隐私泄露度，说明算法 MAGA 可以更好地保证在服务请求接收过程中用户的隐私信息不被泄露。

# 6.8　小结

在金融大数据环境下，为了完成某项服务，用户通常需要向服务提供商提供自己的属性值。为了避免用户属性中的敏感值被泄露，传统的方法是用户首先对其属性值进行加密，然后再发送给服务提供商。这种方法虽然避免了用户的敏感属性值被泄露，但是加密、解密的过程需要耗费大量的时间。为了解决上述问题，本章提出了最小属性泛化算法。使用该算法找出非关键属性进行泛化，服务提供商接收到泛化后的结果后，利用最小属性泛化算法可以分析出用户的真正需求，进而为用户准备服务。这样既可以提供安全保障，又可以节省时间。

# 7 金融大数据环境下基于隐私保护的 K-NN 分类挖掘算法

## 7.1 引言

目前，在金融大数据环境下，还没有涉及基于隐私保护的数据挖掘（PPDM）的研究。因此，本章将提出一种金融大数据环境下基于隐私保护的 K-NN 分类挖掘算法。解决金融大数据环境下隐私保护与数据挖掘之间的矛盾，将数据挖掘和隐私保护技术有机地结合在一起，既可以实现对金融大数据的分析，又可以保证数据中的敏感信息不会被泄露。

金融大数据环境下所存储的大量分布式数据中可能包含着用户的个人隐私信息。在对这些数据进行分析和挖掘时，如何有效保护用户私有数据以及敏感信息不被泄露，同时保证挖掘出准确的规则和模式，成为金融大数据安全领域一个重要的研究问题。目前已有的基于隐私保护的数据挖掘算法，无法适用于大数据环境。因此，能否设计一种适用于金融大数据环境的数据挖掘算法，使其能够从大量复杂的分布式数据中挖掘出所需的知识和规则，并且保证被挖掘数据中的隐私信息不被泄露，将作为本章要研究和解决的问题。

虽然金融大数据技术近年来发展迅速，但是金融大数据环境下的隐私数据保护问题仍然没有得到很好的解决。在金融大数据环境下，用户的数据经常是在一个遥远且未知的服务器上被处理。所以，用户担心自己的隐私信息被泄露，这种担心严重阻碍了金融大数据技术的广泛应用。为了减轻用户的这种顾虑，本章将提出一种适用于金融大数据环境下，基于隐私保护的 K-NN 分类挖掘算法，从而防止用户的隐私信息在金融大数据环境下被泄露。

# 7.2  测量相似度的 BWC 方法

Dwork 等（2006）提出二进制带权余弦（BWC）相似度测量方法对系统中不同的序列计算相似度。并且以 K-NN 分类挖掘算法为基础，使用 BWC 相似度测量方法来增强分类器的功能（Pinkas et al.，2002）。BWC 方法不仅需要考虑两个集合中共享元素的数目，而且需要考虑这些元素在运动轨迹中出现的频率。在序列 A 和序列 B 之间计算相似度的公式如下：

$$S(A, B) = \frac{AB}{\|A\|\|B\|} \times \frac{|A \cap B|}{|A \cup B|}$$

假设 A 和 B 是含有元素的集合，表 7-1 将描述计算 BWC 相似度函数的步骤。

表 7-1  BWC 相似度函数：S（A，B）

1：int $S_{intersection} = 0$;    $S_{union} = 0$;

2：for all $a \in A$ and $b \in B$    {

3：    if （a=b）{

4：            $S_{intersection} = S_{intersection} + 1$;

5：            $S_{union} = S_{union} + 1$;

6：    }

7：    else $S_{union} = S_{union} + 2$; }

8：BWC Notation S（A，B）;

9：S（A，B）= $\dfrac{S_{intersection}}{S_{union}}$;

二进制带权余弦（BWC）相似度测量方法由余弦相似度方法和 Jaccard 相似度方法演变而来。因为余弦相似度测量值是 BWC 测量方法的重要组成部分。BWC 相似度测量方法又是基于策略相似度的向量。整个信息传输过程中余弦相似度测量方法和阿基米德测量方法是一样的。例如，给出两个集合：A={p, s, t, n, q, k, r, m}，B={k, m, t, k, m, q, m}，通过算法计算得出 BWC 相似度测量值是 0.45。

## 7.3　金融大数据环境下的隐私匹配协议

隐私匹配的目的是在不泄露隐私的情况下，从两个数据集中找出公共的数据元素。隐私匹配的框架试图鼓励参与方不必担心信息的泄露。

隐私匹配架构是双方参与的协议，包括客户端（C）和服务器（S）。客户端是一个大小为 $k_c$ 的输入集，并且来自大小为 $N$ 的数据集。服务器端是一个大小为 $k_s$ 的输入集，并且来自同一个源数据域。进而客户端 C 可以分析出哪些输入集被 C 和 S 所共享。如果 C 的输入集是 $X = \{x_1, \cdots, x_{k_c}\}$，S 的输入集是 $Y = \{y_1, \cdots, y_{k_s}\}$，则 C 可以分析出：

$$\{x_u \mid \exists v, \ x_u = y_u\} \leftarrow PM(X, Y)$$

隐私匹配协议方法使用隐私匹配技术的主要目的是在大数据环境下对两个不同节点的数据库求交集记录时，可以保证双方不能访问对方的数据。因此，隐私匹配协议方法可以在不泄露彼此隐私的情况下比较这两个记录是否相同。当被比较的两条记录相同时，隐私匹配协议可以回复"真"。否则将会回复"假"。

## 7.4　适用于金融大数据环境的 K-NN 分类挖掘算法

在不泄露隐私的情况下，计算 BWC 相似度如表 7-2 所示。

表 7-2　基于隐私保护的 BWC 相似度测量算法

| |
|---|
| 1：int $S_{intersection} = 0$;　　$S_{union} = 0$; |
| 2：for all $a \in A$ and $b \in B$ |
| 3：if （PMP（a, b）= True) |
| 4：$S_{intersection} = S_{intersection} + 1$; |
| 5：$S_{union} = S_{union} + 1$; |

6：else $S_{union} = S_{union} + 2$；

7：BWC Notation S（A，B）；

8：$S（A，B）= \dfrac{S_{intersection}}{S_{union}}$

数据挖掘的目的是从数据库中找出被隐藏的有用信息。利用 K-NN 分类挖掘算法从数据库中挖掘出所需要的规则也是数据挖掘领域的一个重要内容。但是，在金融大数据环境下，利用 K-NN 分类挖掘算法进行分类挖掘，会遇到新的问题。例如，在金融大数据环境下，数据规模都比较大，复杂度较高，使得算法执行时间也会变得较长。为了解决这个问题，研究人员研究并行和分布式算法。目前，并行和分布式算法的主要思想是分割数据库，把分割后的部分数据库分配给各个计算节点。在挖掘的过程中，各个计算节点将会交换彼此所需要的事务。虽然以上方法在大数据环境下得到了较好的应用，但是对数据进行隐私保护也是值得关注的问题。因为，在并行分布式环境下，把数据库复制到每个节点后，就需要考虑隐私数据的泄露问题。目前，已有的适用于金融大数据环境的 K-NN 分类挖掘算法尚未考虑分类挖掘过程中的隐私保护问题。

当设计一个基于隐私保护的分类挖掘算法时，通常需要考虑三个方面：准确度、效率和隐私保护度。理想状态下，如果只追求准确度，那么就会牺牲效率。如果只是为了保护隐私，而去减少提供给挖掘器的信息，就会导致无法正常完成挖掘。一种情况是使用不具有隐私保护功能的分类挖掘算法，该方法执行效率很高，但是却不能避免隐私信息被泄露。另一种情况是基于安全多方计算协议，使用这种协议进行挖掘时，所构建的分类器可以保证泄露最少的隐私信息，但是执行效率很低。因此，K-NN 分类挖掘算法的目的就是要在数据挖掘和隐私保护技术中找到一种折中，这样既能挖掘出所需要的知识，又能保证隐私信息不被泄露。

为了解决 K-NN 分类挖掘问题，我们需要使用基于距离的 K-NN 挖掘算法，以实现在分布式环境下保护隐私。在分布式环境下，某个节点的第 k 个最近的邻居，在这 n 个节点中应该是分散的。所以，每一个节点在保存 k 个最近邻居的数据库中都会有一些记录。当某个节点要计算它的局部分类时，必须先确定数据库中的哪些记录在 k 个最近邻居的范围内。然后，就可以开始计算局部分类。最后，这些节点需要结合使用各自的局部分类器，在 n 个私有数据库中针对不同节点以保护隐私的形式去计算全局分类器。因此，可以将 K-NN 分类问题划分为两个子步骤：局部分类和全局分类。所提出方法的伪代码如表 7-3 所示。

**表 7-3 PPKC 算法**

1：局部分类

2：从数据库 A 中取出的训练记录被记为记录 a；

3：从数据库 B 中取出的测试记录被记为记录 b；

4：对训练集合中的所有记录计算 BWC 相似度；

5：从训练记录中找出最近的 K 条记录；

6：找出和测试记录最匹配的记录；

7：把这些记录作为 A 的局部普通集合；

8：针对竞标人 K 条记录，计算出每条记录的类标签和相似度值；

9：返还拥有配对值（类标签，相似度值）的向量。

10：被涉及的参与者：设 p1，p2，…，pn 作为参与的训练节点，分别代表数据库 db1，db2，…，dbn。其中 n 是参与方的数目。假设一个半诚实的第三方取名为竞标人，将会在全局层面上找出第 k 个邻居。

11：本地阶段：设 p1 节点作为测试节点。

12：针对测试节点数据集合中的任意记录。

13：｜

14：针对所有训练节点｜

15：计算 k 个本地邻居；

16：把 k 个本地邻居记录对（类标签，相似度值），发送给竞标人。｜

17：｜

18：全局阶段：

19：把某一条训练记录所对应的所有记录对合并成一条链表，记为全局链表。竞标人将全局链表发送给分类器。

20：分类器在全局层面上使用相似度测量方法，来选择 k 个最相似记录值。

21：基于 k 个邻近权值（相似度值），为测试记录分配类标签。

　　金融大数据环境下有大量服务提供商，可以将每个服务提供商视为一个节点。每个节点都会和其他节点交换信息。所以用于提供服务的特殊信息都被存储在分布式节点中。如本节所提出的算法 PPKC 所示，局部分类器将会使用 BWC 相似度测量方法，对被比较的记录计算相似度，并且将所有记录的配对值（类标签，相似度值）返还给竞标人。算法 PPKC 将在保护隐私信息的前提下对金融大数据环境下的数据进行 K-NN 分类挖掘。

在算法 PPKC 中，竞标人将会把所选的数据库中的每条记录作为一条测试记录，然后将测试记录发送给服务网络的所有节点。所有 $k$ 个最近邻居记录的配对值（类标签，相似度值）都被收集到局部普通集合，并且将该集合发送给分类器。所以分类器将会收到 $k$ $(n-1)$ 个实体。然后，分类器将会在所有节点上构建链表，并且合并成全局普通链表。从这个链表中，可以找出 $k$ 个最相似的节点，并且使用加权的 K-NN 方法给测试记录命名为类的名称。

# 7.5 安全性分析

**定义 7.1** （$\varepsilon$-差分隐私）设 $D^n$ 表示事务数据集合所对应的空间，$n$ 表示该事务数据集合中所含事务的数目，如果一个算法 $A$ 满足 $\varepsilon$-微分隐私，则对于所有的事务数据集合 $T$，$T' \in D^n$，都满足 $\Pr[A(T) \in E] \leq e^{\varepsilon}\Pr[A(T') \in E]$，其中事件 $E \subseteq Range(A)$ （Zhan，2008）。

$\varepsilon$-差分隐私作为一种对隐私的定义，可以保证算法的运算结果不会泄露数据集合中任何记录的信息。参数 $\varepsilon$ 被用来控制整个算法的隐私保护程度，$\varepsilon$ 值越小说明隐私保护程度越高。$\varepsilon$ 的取值要远小于 1，通常规定 $e^{\varepsilon} \approx 1+\varepsilon$。

**定理 7.1** PPKC 算法满足 $\varepsilon$-差分隐私。

证明：设 $D^n$ 表示事务数据集合所对应的空间，事务数据集合 $T$，$T' \in D^n$，设 $S_T = \{\langle L_1, \bar{f}_T(L_1)\rangle, \cdots, \langle L_K, \bar{f}_T(L_K)\rangle\}$ 表示算法 PPKC 在数据集合 $T$ 上的输出值，其中 $T \in D^n$，$L_i$ 表示项集（模式），$\hat{f}_T(L_i)$ 和 $\bar{f}_T(L_i)$ 分别表示项集 $L_i$ 在 $T$ 中出现的截断频率和嘈杂频率。设 $W$ 表示 $K$ 个项集所对应的输出集合，并且设 $\overset{\vee}{f}_T(L)$ 表示项集 $L$ 在算法中的临时嘈杂频率。

如果要证明算法 PPKC 满足 $\varepsilon$-差分隐私，只需要证明

$$\Pr[PPKC(T) = W] \leq e^{\varepsilon}\Pr[PPKC(T') = W]$$

因为 $\Pr[PPKC(T) = W] = \int_{v_1 \in R} \cdots \int_{v_K \in R} pdf_T[\overset{\vee}{f}_{L_1} = v_1]\, pdf_T[\overset{\vee}{f}_{L_K} = $

$v_K]\displaystyle\prod_{L\in 2^U-W,\ |L|=l}\mathrm{Pr}_T[\overset{\vee}{f_L}<\min\{v_1,\ v_2,\ \cdots,\ v_k\}]$。

其中，符号 $pdf_T[\ ]$ 和 $\mathrm{Pr}_T[\ ]$ 分别表示参数化概率密度函数和概率质量

函数。为了减小 $\mathrm{Pr}[\mathrm{PPKC}(T')=W]$ 的值，可以让 $\hat{f}_L(T)$ 加上或者减去 $\dfrac{1}{n}$，

从而得到 $\hat{f}_L(T')$，因为 $|\hat{f}_L(T)-\hat{f}_L(T')|=\dfrac{1}{n}$，不妨设 $\hat{f}_L(T')-\hat{f}_L(T)=\dfrac{1}{n}$，

$L\in 2^U-W$，$|L|=l$。

因为对于任意的 $L\in 2^U$，$v\in R$，都有 $pdf_T[\overset{\vee}{f_L}=v]=\dfrac{1}{2\lambda}e^{-\frac{|v-\hat{f}_L(T)|}{\lambda}}$ 成立。

同理可以推出当 $v<\hat{f}_L(T)$ 时，$\mathrm{Pr}_T[\overset{\vee}{f_L}<v]=\dfrac{1}{2}e^{-\frac{|v-\hat{f}_L(T)|}{\lambda}}$；$v\geqslant \hat{f}_L(T)$ 时，$\mathrm{Pr}_T$

$[\overset{\vee}{f_L}<v]=1-\dfrac{1}{2}e^{-\frac{|v-\hat{f}_L(T)|}{\lambda}}$。所以 $\mathrm{Pr}_T[\overset{\vee}{f_L}<v]$ 的值随着 $\overset{\vee}{f_T}$ 值的增大而减小。

因为对于任意的 $L\in W$，$\dfrac{pdf_T[\overset{\vee}{f_L}=v]}{pdf_{T'}[\overset{\vee}{f_L}=v]}\leqslant e^{\frac{2}{n\lambda}}$，所以 $\dfrac{\mathrm{Pr}[\mathrm{PPKC}(T)=W]}{\mathrm{Pr}[\mathrm{PPKC}(T')=W]}\leqslant e^{\frac{2K}{n\lambda}}$。

令 $\lambda=\dfrac{2K}{n\varepsilon}$，则 $\dfrac{\mathrm{Pr}[\mathrm{PPKC}(T)=W]}{\mathrm{Pr}[\mathrm{PPKC}(T')=W]}\leqslant e^{\frac{2K}{n\lambda}}=e^{\varepsilon}$，所以得出 PPKC 算法满足

$\varepsilon$-差分隐私。得证。

## 7.6　实验分析

通过下面的实验可以在准确度误差方面比较本章所提出的 PPKC 算法
与非隐私保护版本的差别。该实验使用的数据集来自 UCI dataset repository
（Kargupta et al.，2005）。表 7-4 描述了数据集合和训练参数。该实验将在
Iris、Dermatology、Sonar、Landsat 数据集合上分别进行实验。假设实验中
只有两个参与方，针对每个数据集合的实验所需的测试样本都是从该数据
集合中被随机选取的。对于 Iris 和 Sonar 数据集合，每次实验随机选取 20
个测试样本，对于 Dermatology 和 Landsat 数据集合，每次实验随机选取 30

个测试样本。对于较大的数据集合，如 Landsat，则需要将训练回合数设置为较小的数。

表 7-4 数据集合和训练参数

| 数据集合 | 样本总数 | 类数目 | 训练回合数 |
|---|---|---|---|
| Iris | 150 | 3 | 50 |
| Dermatology | 366 | 6 | 30 |
| Sonar | 208 | 2 | 60 |
| Landsat | 6435 | 6 | 10 |

为了保护每个参与方的数据隐私和中间计算结果不被泄露，可以在非隐私保护算法中使用加密技术。而使用加密操作将会产生准确度误差。针对每个数据集合的准确度误差可以通过下面的公式来计算。

准确度误差 $= T_1 - T_2$

其中，$T_1$ 表示 PPKC 算法所对应的测试误差率，$T_2$ 表示该算法的非隐私保护版本所对应的测试误差率。无论是算法的隐私保护版本还是非隐私保护版本，测试误差率都可以通过下面的公式来计算。

$$测试误差率 = \frac{被误判的测试样本数}{训练样本总数}$$

（1）数据被水平分割情况下，PPKC 算法和 PPKC 算法的非隐私保护版本在测试误差率方面的实验结果如表 7-5 所示。

表 7-5 数据被水平分割情况下测试误差率比较　　　　　单位：%

| 数据集合 | PPKC 的非隐私保护版本 | PPKC |
|---|---|---|
| Iris | 12.00 | 16.87 |
| Dermatology | 19.20 | 25.03 |
| Sonar | 16.55 | 21.30 |
| Landsat | 14.48 | 17.35 |

（2）数据被垂直分割情况下，PPKC 算法和 PPKC 算法的非隐私保护版本在测试误差率方面的实验结果如表 7-6 所示。

表 7-6 数据被垂直分割情况下测试误差率比较　　　单位：%

| 数据集合 | PPKC 的非隐私保护版本 | PPKC |
|---|---|---|
| Iris | 14.45 | 19.01 |
| Dermatology | 20.50 | 25.87 |
| Sonar | 18.00 | 23.27 |
| Landsat | 16.03 | 19.60 |

通过观察表 7-5 和表 7-6 中的实验结果可以发现，无论数据是被水平分割还是被垂直分割，PPKC 算法的测试误差率都高于其非隐私保护版本。原因就是为了保护数据隐私而引入加密操作后，准确度误差的出现就变得不可避免。在数据被水平分割情况下，4 个数据集合所对应的准确度误差率间的差值分别为 4.87%、5.83%、4.75%、2.87%。在数据被垂直分割情况下，4 个数据集合所对应的准确度误差率间的差值分别为 4.56%、5.37%、5.27%、3.57%。因为差值是在一定限度内，所以 PPKC 算法对现实世界数据集的学习仍然是十分有效的。

# 7.7　小结

目前在大数据环境下，还没有研究人员提出既可以保证隐私信息在数据挖掘过程中不被泄露，又可以保证挖掘出有用知识和规则的算法。因此，本章提出了一种金融大数据环境下基于隐私保护的 K-NN 分类挖掘算法。本章所提出的 PPKC 算法解决了金融大数据环境下隐私保护与数据挖掘之间的矛盾，将数据挖掘和隐私保护两种技术有机地结合在一起，从而既可以保证原始数据中的隐私信息在 K-NN 分类挖掘过程中不被泄露，又可以保证挖掘出有效的规则和知识。

# 8 金融大数据环境下基于隐私保护的神经网络学习算法

## 8.1 引言

在机器学习和数据挖掘过程中使用神经网络学习算法，可以从大量复杂的数据集合中抽取信息和预测趋势。虽然经过学术界的努力，目前已提出了多种不同的神经网络学习算法，但是这些算法中绝大多数都没有考虑神经网络学习过程中如何避免隐私信息泄露的问题。

神经网络具有多种不同的算法来生成各种不同的模型，例如自组织映射网络、反向传播神经网络、感知网络、Hopfield 网络等（Potvin，1993）。在这些神经网络模型中，反向传播神经网络具有自组织、自适应、容错性和非线性等特点，使其成为机器学习领域的前沿技术，并且在模式识别、联想记忆、函数逼近、复杂控制、信号处理等领域得到广泛应用。基于上述优点，反向传播神经网络学习算法已成为神经网络应用中使用范围最广的算法。因此本章选择为反向传播神经网络学习算法设计基于隐私保护的算法，从而保证反向传播神经网络学习过程中的隐私信息不被泄露。

目前，研究基于隐私保护的神经网络学习算法的文章较少。Barni 等（2006）提出了一种基于隐私保护的神经网络学习协议。该协议涉及两个参与方：一方是客户端或数据拥有者，负责输入数据；另一方是服务器或神经网络拥有者，负责处理数据。在整个学习过程中，双方都希望自己的信息不被泄露。该协议假设神经网络学习模型已经存在，并且可以被用来处理输入数据并预测相应的输出。Barni 针对不同程度的安全考虑提出三个不同的算法。在第一个算法中，两个参与方通过使用安全点积协议来计算网络中权值的和，权值由服务器提供。在第二个算法中，激活函数是私有的，只有服务器知道该激活函数。该算法使用 Oblivious Polynomial Evaluation（OPE）子协议进行私有函数值的安全计算，以防止激活函数的信息泄露给客户端。在第三个算法中，服务器为了防止客户端准确地预测出神经网络模型，在保证最终输出结果不变的情况下，服务器会向系统添加一些虚假的神经元，并且重新设置一些边界权值。

但是，上述三个算法存在以下安全威胁：首先，神经网络模型拥有者（即服务器）的隐私信息会受到威胁，因为数据拥有者即客户端在向服务器发送一系列请求后，就能够很容易地识别出神经网络学习模型。其次，虽然第二个算法中的 OPE 子协议被用来隐藏激活函数，以防止客户端知道此激活函数。但是，当客户端接收到服务器返回给它的请求结果后，这个激活函数就可能被泄露给客户端。

Barni 等（2006）提出的算法假设神经网络学习模型已经存在，并且由服务器拥有该模型。然而在本章所提出的算法中，各参与方通过使用安全多方计算子协议，安全地生成神经网络学习模型。另外，在本章所提出的算法中，敏感性攻击不能把某一方的隐私信息泄露给其他参与方，因为该算法既没有使用客户端——服务器的方法，也没有使用 OPE 子协议。此外，Barni 等（2006）提出的方法只适用于两个参与方，而本章所提出的算法可以适用于多个参与方。

Secretan 等（2007）提出了一种基于隐私保护的神经网络学习方法，该方法为神经网络梯度下降法引入了隐私保护功能，但是这种方法只适用于简单的神经网络模型，例如没有隐藏层并且输出层只含有一个节点的网络模型。

Secretan 等（2007）使用加密技术为前馈神经网络引入隐私保护功能，从而在非线性分类的过程中保证隐私信息不被泄露。该方法假定学习过程中只有一个神经网络模型拥有者，且该模型拥有者没有任何训练数据。而那些数据拥有者只能把各自的数据提供给神经网络，数据拥有者并不拥有模型。目的是保证模型拥有者不会得到任何数据的信息，而数据拥有者也不会得到神经网络模型的任何信息。本章所提出的方法与 Secretan 等（2007）的不同之处在于：本章所提出的算法是让所有参与方都安全地共享学习模型，每个参与方都拥有自己的数据，并且在学习过程中，任何参与方都不需要将自己的数据泄露给其他参与方。

此外,Barni 等（2006）和 Secretan 等（2007）只是从理论上分析了各自提出的算法,并没有通过实验来验证所提算法的应用性和效率。本章将通过在现实世界数据集上进行实验,来表明所提出的算法具有良好的执行效率和隐私保护性能。

# 8.2　相关概念

本章首先介绍神经网络的基本概念及其应用;其次介绍同态加密的概念和语义安全性的概念;最后介绍安全多方计算协议。由于这些安全多方计算协议都是基于加密技术的,所以可以保证在计算过程中,每个参与方的数据信息不会泄露给其他参与方。这些安全多方计算协议将作为本章所提出的算法的基础。

## 8.2.1　神经网络

神经网络是一种基于人脑结构而被构造的信息处理系统,用来实现人脑的某些功能,是对人脑的一种简单的抽象或模仿。神经网络常被用于解决一些复杂的问题,其最大特点就是自我学习功能,即通过对大量训练样本的反复学习,不断地对网络连接权值进行修改,从而使网络连接权值稳定分布在一个固定范围之内。神经网络能够对每个输入信号进行处理,确定其权值,然后确定所有输入信号的加权值,最后确定其输出,从而解决相关问题。

神经元是神经网络的基本组成单元（Potvin,1993）。设（$x_1$,$x_2$,…,$x_n$）为神经元的输入信号,（$w_1$,$w_2$,…,$w_n$）为各个输入与神经元之间的连接权值。神经元接受来自外部的输入信号,将信号与各个边上的权值相乘并求和,即 $\sum_{j=1}^{n} w_j x_j$,将求得的加权值减去阈值 $\theta$,再将这个结果传递给函数 $f(u)$,得到最后的输出。其中,函数 $f(u)$ 称为激活函数，通常为 sigmoid 函数：$f(u) = \dfrac{1}{1+e^{-u}}$。因此，神经元的作用就是将来自外部的多个输入进行处理得到相应的输出。

## 8.2.2 同态加密

同态加密是一种特殊的加密方法。该方法通过在密文中使用一种代数运算，从而允许加密操作在明文上进行特殊的代数运算。Paillier（1999）首次提出了同态加密方法。该方法可以被描述如下：

设 $E$ 是加密函数，$D$ 是解密函数。在生成密钥的过程中，随机选择两个素数 $p$ 和 $q$，然后令 $n = p \times q$，$\lambda = lcm(p-1, q-1)$。其中符号 $lcm$ 表示计算最小公倍数。随机选择一个整数 $g \in Z_{n^2}^*$，公钥记为 $(n, g)$，私钥记为 $(\lambda, \mu)$。其中 $\mu = (L(g^{\lambda} \bmod n^2))^{-1} \bmod n$，$L(u) = \dfrac{u-1}{n}$。

当 $u < n^2$ 并且 $u = 1 \bmod n$ 时，对信息进行加密的步骤如下：

（1）随机选择一个 $r \in Z_n^*$。

（2）对信息 $m$ 进行加密，得到：$E(m) = g^m \times r^n \bmod n^2$。

对一条加密后的信息 $c$ 进行解密的方法是：$m = D(c) = L(c^{\lambda} \bmod n^2) \times \mu \bmod n$。

同态加密方法具有下列性质：

（1）允许在明文上运行同态的加法运算。该加法运算可以描述为：

$$D(E(m_1, r_1) \times E(m_2, r_2) \bmod n^2) = m_1 + m_2 \bmod n$$

其中 $m_1$ 和 $m_2$ 是任意两条明文信息，并且 $r_1$，$r_2$ 分别是 $m_1$ 和 $m_2$ 所对应的随机数。

（2）允许在明文上运行同态的乘法运算。该乘法运算可以描述为：

$$D(E(m_1, r_1)^{m_2} \bmod n^2) = m_1 \times m_2 \bmod n$$

其中 $m_1$ 和 $m_2$ 是任意两条明文信息，并且 $r_1$ 是 $m_1$ 所对应的随机数。

## 8.2.3 语义安全性

在研究公钥加密的安全性时，经常会使用到语义安全性（semantic secutiry）的概念（Canetti，2000）。语义安全性是指：恶意者在获得密文的情况下，不能有效地计算出比没有获得密文时更多的关于明文的信息，即恶意者通过使用密文，无法获得额外的有用信息。从语义安全性的定义来看，应该使用基于模拟器的形式来为其下定义，即恶意者得到某个消息的密文，而模拟器却没有得到。此时，恶意者能计算出关于该消息的所有信息，如果模拟器也能计算出，则说明加密是安全的。语义安全性经常被用来证明基于隐私保护的数据挖掘算法的安全性。Canetti（2000）已经证明：同态加密具有语义安全性。

### 8.2.4 安全多方计算协议

通常情况下，数据挖掘和机器学习都希望数据被集中存放在一个地点，以便于对数据进行分析。但是隐私保护则希望各个参与方的数据不被集中存放。为了解决两者之间的矛盾，可以使用加密技术设计安全多方计算协议，从而既可以实现在多个数据集合上联合执行某些计算，又可以保证各参与方的隐私数据不泄露给其他参与方（Launchbury et al.，2012）。本节所介绍的安全多方计算协议都是基于加密操作的。

（1）安全多方加协议。使用该协议，私有输入值 $x_i$ 的求和运算被转化为私有输出值 $y_i$ 的乘积运算，即：$\sum_{i=1}^{n} x_i = \prod_{i=1}^{n} y_i$。

安全多方加协议的具体步骤可描述如下：

1）参与方 $P_n$ 选择 $n-1$ 个数字 $x_{n,1}$，$x_{n,2}$，$\cdots$，$x_{n,n-1}$，使得：

$x_n = x_{n,1} + x_{n,2} + \cdots + x_{n,n-1}$

2）每个参与方 $P_i$，$1 \leq i \leq n-1$ 和 $P_n$ 在各自的输入值 $x_i$ 和 $x_{n,i}$ 上运行安全双方加协议，使得 $x_i + x_{n,i} = y_{i,n} \times y_n$，其中 $x_i \in P_i$，$x_{n,i} \in P_n$，$y_{i,n} \in P_i$，$y_n \in P_n$，$y_{i,n}$ 和 $y_n$ 是参与方 $P_i$ 和 $P_n$ 各自的私有输出值。

所以，可以得出：

$x_1 + \cdots + x_n = (y_{1,n} \times y_n) + \cdots + (y_{n-1,n} \times y_n) = (y_{1,n} + \cdots + y_{n-1,n}) \times y_n$

3）此时 $y_{1,n} + \cdots + y_{n-1,n}$ 是参与方 $P_1$，$P_2$，$\cdots$，$P_{n-1}$ 所具有的 $n-1$ 个元素的求和。所以协议将从步骤 $D$ 重新开始执行。这个循环将被反复执行直到最终剩下两个参与方 $P_1$ 和 $P_2$ 的求和计算后，循环结束。此时 $P_1$，$P_2$ 就可以使用安全双方加运算协议。

（2）安全多方乘积协议。使用该协议，私有输入值 $x_i$ 的乘积运算被转

化为私有输出值 $y_i$ 的求和运算，即：$\prod_{i=1}^{n} x_i = \sum_{i=1}^{n} y_i$。

每个参与方 $P_i$ 会使用到同态加密算法 $E_i$，并且具有公钥 $e_i$ 和私钥 $d_i$ （Launchbury et al.，2012）。安全多方乘积协议的具体步骤可描述如下：

参与方 $P_1$ 使用同态加密算法 $E_1$ 和参与方 $P_2$ 在各自的私有输入值 $x_1$ 和 $x_2$ 上运行安全双方乘积协议，使得 $x_1 \times x_2 = y_{1,1} + y_{2,1}$。所以：

$$x_1 \times x_2 \times x_3 \times \cdots \times x_n = (y_{1,1} + y_{2,1}) \times x_3 \times \cdots \times x_n$$
$$= (y_{1,1} \times x_3 \times \cdots \times x_n) + (y_{2,1} \times x_3 \times \cdots \times x_n)$$

其中，$(y_{1,1} \times x_3 \times \cdots \times x_n)$ 和 $(y_{2,1} \times x_3 \times \cdots \times x_n)$ 都表示 $n-1$ 个元素的乘积。并且 $(y_{1,1} \times x_3 \times \cdots \times x_n)$ 作用在参与方 $P_1$，$P_3$，$\cdots$，$P_n$ 之间，$(y_{2,1} \times x_3 \times \cdots \times x_n)$ 作用在参与方 $P_2$，$P_3$，$\cdots$，$P_n$ 之间。上面的步骤会被反复执行，直到求和式子中的每一项都变成两个参与方的乘积形式才结束循环。此时可以在求和式子中的每一项上运行安全双方乘积协议。

# 8.3 反向传播神经网络学习算法

反向传播神经网络是一种多层前馈网络，通常由输入层、隐含层和输出层组成。其中，每一层均由若干个节点组成，每一个节点代表一个神经元，隐含层中的神经元通常采用 Sigmoid 型激活函数来表示，而输入层或输出层的神经元，则通常采用线性传递函数来表示。反向传播神经网络的上层节点与下层节点之间通过权值进行连接，同层内的节点之间没有联系。反向传播神经网络由正向传播和反向传播组成。在正向传播过程中，当大量样本输入神经网络后，输入信号通过输入层向前传播，经过隐含层，并由隐含层的函数作用后，将隐含层的输出信号传向输出层，最终得到输出结果（Magoulas et al.，1997）。在整个正向传播过程中，每一层的神经元只接收来自上一层神经元的输入，而每一层的神经元的输出只会影响下一层的神经元的输出。如果最终的输出结果与期望结果之间存在比较大的误差，则转入反向传播过程，将误差值沿着原来的连接通道从输出层经过隐含层，最终回到输入层。它通过网络将误差信号沿原来的连接通路反传回来修改各层神经元的权值直至达到期望目标。Magoulas 等（1997）

提出了一种反向传播神经网络学习算法,该算法的详细描述如下:

(1) 设置步长 $\rho$,步长 $\rho$ 的初始值应是一个较小值;设置权向量 $W$,权向量 $W$ 的初始化值也应设置为较小值。

(2) 选取一个训练样本数据 $<E^k,\ C^k>$。

(3) 正向传播阶段:从输入神经元开始,为每个神经元分别计算权向量和 $S_i$,利用激活函数计算 $u_i = f(S_i)$。

(4) 反向传播阶段:从输出神经元开始,为每个神经元计算梯度:

$f'(S_i) = u_i(1 - u_i)$

如果 $u_i$ 是输出单元,则 $\delta_i = (C_i - u_i)f'(S_i)$;

对于其他单元,$\delta_i = \left( \sum_{m:\ m > i} w_{m,i}\delta_m \right) f'(S_i)$。

(5) 更新权向量:$w_{i,j}^* = w_{i,j} + \rho\delta_i u_j$。

(6) 如果终止条件被满足,则从建造好的神经网络中退出,否则将返回步骤 2,继续执行。

因为 Magoulas 等(1997)提出的反向传播神经网络学习算法未考虑隐私保护问题,比如输入数据中的隐私信息应该对每个参与方保密,学习模型中所含有的隐私信息也不能泄露给外界。所以本节对 Magoulas 等(1997)提出的反向传播神经网络学习算法进行改进,增加了隐私保护的功能,并且所提出的算法适用于数据集合被水平分割的情况。

# 8.4　基于隐私保护的反向传播神经网络学习算法

针对数据集合被水平分割情况,本节提出一种基于隐私保护的反向传播神经网络学习的算法 PPNN-DHP。

在数据被水平分割的情况下,每个参与方都拥有一些记录的所有属性值或拥有整个数据库的一些行记录。算法执行完之后,所有参与方可以安全地共享被建造好的学习模型,并且所有参与方可以使用该模型为各自的目标数据预测出相应的输出结果。

假设训练数据集合 $D$ 被水平分割成 $D_1$,$D_2$,$\cdots$,$D_n$,数据集合 $D$ 被分

割后的这 $n$ 个部分分别被参与方 $P_1$，$P_2$，$\cdots$，$P_n$ 所拥有。其中，$|D_i|=n_i$。

每个元素 $d_{i,j} \in D_i$，$1 \leqslant j \leqslant n_i$，每个元素 $d_{i,j}$ 表示为 $<E_{i,j}$，$C_{i,j}>$，其中，$E_{i,j}=<1$，$u_{i,j,1}$，$u_{i,j,2}$，$\cdots$，$u_{i,j,p}>$ 是输入向量，而 $C_{i,j}$ 是相对应的输出向量。该神经网络的权向量记为：

$$W=<w_{p+1,0}\cdots，w_{p+1,p}\cdots，w_{p+k,0}\cdots，w_{p+k,p}，w_{p+k+1,p+1}，w_{p+k+1,p+k}>$$

神经网络学习的目的是为训练样本集合计算出网络权向量 $W$。为了保护反向传播神经网络学习模型中的隐私信息不被泄露，同时保护权向量 $W$ 的信息不被泄露，可以将权向量 $W$ 分配给所有参与方，使得每个参与方都拥有权向量 $W$ 的一部分私有值。设其中任一参与方 $P_i(1 \leqslant i \leqslant n)$ 所拥有的权向量为 $W_i$：

$$W_i=<w_{i,p+1,0}\cdots，w_{i,p+1,p}\cdots，w_{i,p+k,p}，w_{i,p+k+1,p+1}\cdots，w_{i,p+k+1,p+k}>$$

其中权向量 $W$ 中的每个元素可以通过公式 $w_{p,s}=\sum\limits_{i=1}^{n}w_{i,p,s}$ 来计算。

在算法开始的时候，对权向量 $W$ 进行初始化。

下面是算法 PPNN-DHP 的具体步骤：

（1）从 $n$ 个参与方中随机选择一个参与方 $P_i$（$1 \leqslant i \leqslant n$）。

（2）$P_i$ 随机生成一个整数 $j(1 \leqslant j \leqslant n_i)$，然后选择元素 $d_{i,j}$，而元素 $d_{i,j}$ 对应 $<E_{i,j}$，$C_{i,j}>$。

（3）正向传播阶段：

1）隐含层中的神经元 $S_l$，$l \in \{p+1, \cdots, p+k\}$ 被计算如下：

$$S_l=E_{i,j}<w_{l,0}, \cdots, w_{l,p}>=E_{i,j}<w_{1,l,0}, \cdots, w_{1,l,p}>+\cdots+E_{i,j}<w_{n,l,0}, \cdots,$$
$$w_{n,l,p}>$$

在上面这个式子中，$E_{i,j}<w_{i,l,0}$，$w_{i,l,1}$，$\cdots$，$w_{i,l,p}>$ 是由参与方 $P_i$ 单独计算的，因为运算符号两边的运算量都属于这个参与方 $P_i$。

而 $E_{i,j}<w_{m,l,0}$，$w_{m,l,1}$，$\cdots$，$w_{m,l,p}>$，$m \neq i$，是由参与方 $P_i$ 和参与方 $P_m$ 使用安全点积协议计算出来的。由于安全点积协议的最终结果被分配给每个参与方，从而使得安全点积协议的计算结果等于对每个参与方的输出值进行求和。因此可以认为：

$E_{i,j}<w_{m,l,0}$，$w_{m,l,1}$，$\cdots$，$w_{m,l,p}>=R_{l,i,m}+R_{l,m}$，其中 $R_{l,i,m}$ 和 $R_{l,m}$ 分别表示参与方 $P_i$ 和参与方 $P_m$ 的输出值。从而进一步得出：

$$S_l=(R_{l,i,1}+\cdots+R_{l,i,n})+(R_{l,1}+\cdots+R_{l,i-1}+R_{l,i+1}+\cdots+R_{l,n})$$

其中 $R_{l,i,1}$，$\cdots$，$R_{l,i,n}$ 属于参与方 $P_i$，而 $R_{l,m}$（$m \neq i$）属于参与方 $P_m$。

如果假设 $R_{l,i,1}+\cdots+R_{l,i,n}=R_{l,i}$，则 $S_l=R_{l,1}+\cdots+R_{l,n}$。

2）通过使用 Sigmoid 函数计算隐含层的 $u_l$，$l\in\{p+1,\cdots,p+k\}$。

$$u_l=f(S_l)=f(R_{l,1}+\cdots+R_{l,n})$$

$$=\frac{1}{1+e^{-(R_{l,1}+\cdots+R_{1,n})}}=\frac{1}{1+e^{-R_{l,1}}\times\cdots\times e^{-R_{l,n}}}$$

使用安全多方乘积运算和安全多方加法运算，对上面的式子进行进一步分析，得出：

$$\frac{1}{1+e^{-R_{l,1}}\times\cdots\times e^{-R_{l,n}}}=\frac{1}{1+(x_{1,l}+\cdots+x_{n,l})}$$

$$=\frac{1}{y_{1,l}\times\cdots\times y_{n,l}}=y_{1,l}^{-1}\times\cdots\times y_{n,l}^{-1}=z_{1,l}\times\cdots\times z_{n,l}$$

令 $z_{m,l}=y_{m,l}^{-1}$，$1\leq m\leq n$，则 $u_l=\prod_{m=1}^{n}z_{m,l}$，

$l\in\{p+1,\cdots,p+k\}$，并且 $z_{m,l}$ 被参与方 $P_m$ 所拥有，$1\leq m\leq n$。

3）计算输出层的神经元 $S_{p+k+1}$。

$$S_{p+k+1}=<1,u_{p+1},\cdots,u_{p+k}><w_{p+k+1,0},w_{p+k+1,p+1},\cdots,w_{p+k+1,p+k}>$$

$$=w_{p+k+1,0}+u_{p+1}\times w_{p+k+1,p+1}+\cdots+u_{p+k}\times w_{p+k+1,p+k}$$

$$=w_{1,p+k+1,0}+\cdots+w_{n,p+k+1,0}+z_{1,p+1}\times\cdots\times z_{n,p+1}\times(w_{1,p+k+1,p+1}+\cdots+$$

$$w_{n,p+k+1,p+1})+z_{1,p+2}\times\cdots\times z_{n,p+2}\times(w_{1,p+k+1,p+2}+\cdots+w_{n,p+k+1,p+2})+\cdots+$$

$$z_{1,p+k}\times\cdots\times z_{n,p+k}\times(w_{1,p+k+1,p+k}+\cdots+w_{n,p+k+1,p+k})。$$

令 $A=z_{1,l}\times\cdots z_{n,l}\times(w_{1,m,l}+\cdots+w_{n,m,l})$，使用安全多方乘积运算，得：

$$A=z_{1,l}\times\cdots\times z_{n,l}\times w_{1,m,l}+\cdots+z_{1,l}\times\cdots\times z_{n,l}\times w_{n,m,l}$$

$$=(z_{1,l}\times w_{1,m,l})\times z_{2,l}\times\cdots\times z_{n,l}+\cdots+z_{1,l}\times\cdots\times z_{n-1,l}\times(z_{n,l}\times w_{n,m,l})$$

$$=z_{1,l}^l\times z_{2,l}\times\cdots\times z_{n,l}+\cdots+z_{1,l}\times\cdots\times z_{n-1,l}\times z_{n,l}^l$$

$$=(t_{1,l,1}+t_{2,l,1}+\cdots+t_{n,l,1})+\cdots+(t_{1,l,n}+t_{2,l,n}+\cdots+t_{n,l,n})$$

$$=(t_{1,l,1}+t_{1,l,2}+\cdots+t_{1,l,n})+\cdots+(t_{n,l,1}+t_{n,l,2}+\cdots+t_{n,l,n})$$

$$=r_1+r_2+\cdots+r_n$$

其中，令 $z_{j,l}^l=z_{j,l}\times w_{j,m,l}$，$1\leq j\leq n$，$r_j=\sum_{h=1}^{n}t_{j,l,h}$。

所以 $S_{p+k+1}$ 就等于被涉及的那些参与方的私有值的总和。

4）输出层计算神经网络的输出结果 $u_{p+k+1}$，模仿此算法步骤 3（b）中计算 $u_l$ 的方法，可以计算出：

$u_{p+k+1} = \prod_{l=1}^{n} z_{l,p+k+1}$，其中 $z_{l,p+k+1}$ 是参与方 $P_l$ 所对应的私有值，$1 \leqslant l \leqslant n$。

（4）反向传播阶段：

1）计算 $\delta_{p+k+1}$ 如下：

$$\begin{aligned}\delta_{p+k+1} &= (C_{i,j}-u_{p+k+1}) \times (1-u_{p+k+1}) \times u_{p+k+1}\\ &= (C_{i,j}-(z_{1,p+k+1} \times \cdots \times z_{n,p+k+1})) \times (1-(z_{1,p+k+1} \times \cdots \times z_{n,p+k+1})) \times\\ &\quad (z_{1,p+k+1} \times \cdots \times z_{n,p+k+1})\end{aligned}$$

使用安全多方乘积运算和安全多方加法运算，对上面的计算结果进行分析，得：

$$-(z_{1,p+k+1} \times \cdots \times z_{n,p+k+1}) = x_1 + \cdots + x_n$$
$$C_{i,j}-(z_{1,p+k+1} \times \cdots \times z_{n,p+k+1}) = y_1 \times \cdots \times y_n$$
$$1-(z_{1,p+k+1} \times \cdots \times z_{n,p+k+1}) = v_1 \times \cdots \times v_n$$

所以 $\begin{aligned}\delta_{p+k+1} &= (y_1 \times \cdots \times y_n) \times (v_1 \times \cdots \times v_n) \times (z_{1,p+k+1} \times \cdots \times z_{n,p+k+1})\\ &= (y_1 \times v_1 \times z_{1,p+k+1}) \times \cdots \times (y_n \times v_n \times z_{n,p+k+1})\\ &= \delta_{1,p+k+1} \times \cdots \times \delta_{n,p+k+1}\end{aligned}$

其中，令 $\delta_{l,p+k+1} = y_l \times v_l \times z_{l,p+k+1}$，$1 \leqslant l \leqslant n$。

2）当 $p+1 \leqslant l \leqslant p+k$ 时，计算 $\delta_l$ 如下：

$$\begin{aligned}\delta_l &= w_{p+k+1,l} \times \delta_{p+k+1} \times (1-u_l) \times u_l\\ &= (w_{1,p+k+1,l}+\cdots+w_{n,p+k+1,l}) \times (\delta_{1,p+k+1} \times \cdots \times \delta_{n,p+k+1}) \times (1-(z_{1,l} \times \cdots \times z_{n,l})) \times\\ &\quad (z_{1,l} \times \cdots \times z_{n,l})\end{aligned}$$

再次使用安全多方乘积运算和安全多方加法运算，对上面的计算结果进行分析，得：

$$w_{1,p+k+1,l}+\cdots+w_{n,p+k+1,l} = y_1 \times \cdots \times y_n$$
$$-(z_{1,l} \times \cdots \times z_{n,l}) = x_1 + \cdots + x_n$$
$$1-(z_{1,l} \times \cdots \times z_{n,l}) = v_1 \times \cdots \times v_n$$

所以，$\begin{aligned}\delta_l &= (y_1 \times \cdots \times y_n) \times (\delta_{1,p+k+1} \times \cdots \times \delta_{n,p+k+1}) \times (v_1 \times \cdots \times v_n) \times (z_{1,l} \times \cdots \times z_{n,l})\\ &= (y_1 \times \delta_{1,p+k+1} \times v_1 \times z_{1,l}) \times \cdots \times (y_n \times \delta_{n,p+k+1} \times v_n \times z_{n,l})\\ &= \delta_{1,l} \times \cdots \times \delta_{n,l}\end{aligned}$

其中，令 $\delta_{j,l} = y_j \times \delta_{j,p+k+1} \times v_j \times z_{j,l}$，$1 \leqslant j \leqslant n$。

（5）更新权向量 $W$。更新权向量 $W$ 实际上就是更新其中的每个向量 $w_{l,m}$，而 $w_{l,m}$ 更新后的向量的 $w_{l,m}^*$ 的计算过程如下：

$$w_{l,m}^* = w_{l,m}+\rho \times \delta_l \times u_m$$

$$= (w_{1,l,m} + \cdots + w_{n,l,m}) + \rho(\delta_{1,l} \times \cdots \times \delta_{n,l}) \times (z_{1,l} \times \cdots \times z_{n,l})$$
$$= (w_{1,l,m} + \cdots + w_{n,l,m}) + (\rho \times \delta_{1,l} \times z_{1,l}) \times (\delta_{2,l} \times z_{2,l}) \times \cdots \times (\delta_{n,l} \times z_{n,l})$$
$$= (w_{1,l,m} + \cdots + w_{n,l,m}) + (x_1 + \cdots + x_n)$$
$$= (w_{1,l,m} + x_1) + \cdots + (w_{n,l,m} + x_n)$$
$$= w^*_{1,l,m} + \cdots + w^*_{n,l,m}$$

（6）如果终止条件，用户事先定义好的阈值被满足，则从建造好的神经网络中退出，否则将返回步骤 1，继续执行。

# 8.5　算法 PPNN-DHP 的安全性分析

**定义 8.1**　（$\varepsilon$ 差分隐私）对于一个算法 $PPDM$，如果对于任何隐私数据 $PD$，都能够找出一个 $\varepsilon$，使其满足 $|\mathrm{Pr}(PD|PPDM) - \mathrm{Pr}(PD)| \leqslant \varepsilon$，则此算法满足 $\varepsilon$ 差分隐私（Zhan，2008）。

$PD$：表示隐私数据。

$PPDM$：表示基于隐私保护的算法。

$PD_{Pi}$：表示 $P_i$ 的隐私数据。

$EXT_{Pi}$：表示 $P_i$ 通过算法能够获得的额外信息。

$GAIN_{Pi}$：表示 $P_i$ 通过使用算法可以访问另一参与方的隐私数据的优势。

$GAIN_{SEC}$：表示 $P_i$ 通过使用算法并阅读语义上的密文可以访问另一参与方的隐私数据的优势，这种优势在所使用的同态加密系统中可以忽略不计。

$\mathrm{Pr}(PD)$：不使用任何基于隐私保护的算法情况下，隐私数据 $PD$ 被泄露的概率。

$\mathrm{Pr}(PD|PPDM)$：使用基于隐私保护的算法 $PPDM$ 后，隐私数据 $PD$ 被泄露的概率。

$|\mathrm{Pr}(PD|PPDM) - \mathrm{Pr}(PD)|$：使用隐私保护算法和不使用隐私保护算法情况下，隐私数据 $PD$ 被泄露的概率值的差。

$\varepsilon$：隐私保护度，$\varepsilon$ 的值越小说明隐私保护程度越高。

**定理 8.1**　PPNN-DHP 算法满足 $\varepsilon$ 差分隐私。

证明：根据定义 8.1，要证明算法 PPNN-DHP 满足 $\varepsilon$ 差分隐私，只需要找出 $\varepsilon$，使其满足 $|\mathrm{Pr}(PD|\mathrm{PPNN\text{-}DHP}) - \mathrm{Pr}(PD)| \leqslant \varepsilon$。

因为每个参与方 $P_j$ 通过使用该算法可以访问另一参与方的隐私数据的优势可以表示为：

$$GAIN_{Pj} = \mathrm{Pr}(PD_{Pk}|EXT_{Pj}, \mathrm{PPNN\text{-}DHP}) - \mathrm{Pr}(PD_{Pk}|EXT_{Pj}), \quad k \neq j。$$

当 $1 \leqslant j \leqslant n$，$j \neq i$ 时，每个参与方 $P_j$ 使用其随机生成向量只和参与方 $P_i$ 运行安全点积协议，并且参与方 $P_j$ 使用其私有输出值和其他参与方运行安全多方加协议，因此 $GAIN_{Pj} = GAIN_{SEC}$，$j \neq i$。

因为 $GAIN_{SEC}$ 表示 $P_i$ 通过使用算法并阅读语义上的密文可以访问另一参与方的隐私数据的优势，这种优势在所使用的同态加密系统中可以忽略不计。因此，$GAIN_{Pj}$ 是可忽略不计的。

参与方 $P_i$ 通过对接收到的其他参与方的信息进行解密，并且对其他参与方的私有输出值的符号进行解密后，参与方 $P_i$ 只会知道最终权向量中自己那一部分的私有值，而这一部分值实际上就是 $P_i$ 的最终输出值。$P_i$ 无法通过算法获得额外的信息，也就无法预测其他参与方的私有数据。所以，可以认为：

$$\varepsilon = \max(GAIN_{Pi}, GAIN_{Pj}) = GAIN_{Pi}$$

因此，对于每一个 $k$，$j \in \{1, \cdots, n\}$，$k \neq j$，得出：

$$\mathrm{Pr}(PD_{Pk}|EXT_{Pj}, \mathrm{PPNN\text{-}DHP}) - \mathrm{Pr}(PD_{Pk}|EXT_{Pj}) \leqslant GAIN_{Pi} = \varepsilon$$

所以最终可以找到一个 $\varepsilon = GAIN_{Pi}$，使得 $|\mathrm{Pr}(PD|\mathrm{PPNN\text{-}DHP}) - \mathrm{Pr}(PD)| \leqslant \varepsilon$ 成立，即 PPNN-DHP 算法满足 $\varepsilon$ 差分隐私的性质。得证。

# 8.6 实验评价与分析

本节将通过实验来表明本章所提出的 PPNN-DHP 算法的应用性和性能。整个实验由 Java 语言编程实现。实验所使用的电脑配置如下：CPU 是 Intel Core i7，2.73GHz，内存是 16G，硬盘是 32T，操作系统是 Windows 10 Professional。

### 8.6.1 执行效率的评价与分析

实验选取 Magoulas 等（1997）提出的反向传播神经网络学习算法 NPPBNN 和基于隐私保护的反向传播神经网络学习算法 PPNN-DHP 在执行时间上进行比较（见图 8-1）。其中，算法 NPPBNN 不具备隐私保护功能。

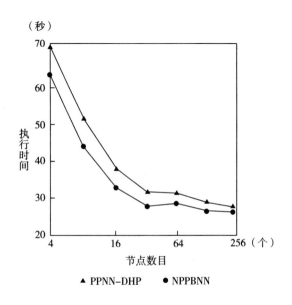

**图 8-1　算法 PPNN-DHP 和 NPPBNN 在执行时间上的比较**

实验结果如图 8-1 所示，当加密密钥长度和参与方数目不变时，计算节点数目小于 13，基于隐私保护的反向传播神经网络学习算法 PPNN-DHP 所需的执行时间要明显大于算法 NPPBNN。这是因为当计算节点数目较少时，算法 PPNN-DHP 在隐私保护子算法中消耗的时间较明显。当计算节点数目大于 13 时，算法 PPNN-DHP 和算法 NPPBNN 的执行时间的差距将逐渐减小。这是因为当计算节点数较多时，PPNN-DHP 的隐私保护子算法中的安全多方计算会被分配到每个计算节点，进而缩短隐私保护子算法所占用的时间。当计算节点数目大于 256 之后，两种算法所需要的执行时间趋于相同。

### 8.6.2 准确度误差的评价与分析

通过下面的实验可以在准确度误差方面，比较基于隐私保护的反向传播神经网络学习算法 PPNN-DHP 与非隐私保护的反向传播神经网络学习算法 NPPBNN 的差别。该实验使用的数据集来自 UCI dataset repository。表8-1 描述了数据集合和训练参数。该实验将在 Iris、Dermatology、Sonar、Landsat 数据集合上分别进行反向传播神经网络学习。针对每个数据集合的实验所需的测试样本都是从该数据集合中被随机选取的。对于 Iris 和 Sonar 数据集合，每次实验随机选取 20 个测试样本，对于 Dermatology 和 Landsat 数据集合，每次实验随机选取 30 个测试样本。对于较大的数据集合，如Landsat，则需要将训练回合数设置为较小的数。

表 8-1　数据集合和训练参数　　　　　　　　　　　　单位：个

| 数据集合 | 样本总数 | 类数目 | 训练回合数 |
| --- | --- | --- | --- |
| Iris | 150 | 3 | 50 |
| Dermatology | 366 | 6 | 30 |
| Sonar | 208 | 2 | 60 |
| Landsat | 6435 | 6 | 10 |

为了保护每个参与方的数据隐私和中间计算结果不被泄露，可以在非隐私保护反向传播神经网络学习算法中使用加密技术。而使用加密操作将会产生准确度误差。针对每个数据集合的准确度误差可以通过下面的公式来计算。

准确度误差 $= T_1 - T_2$

其中，$T_1$ 表示反向传播神经网络算法的隐私保护版本所对应的测试误差率，而 $T_2$ 则表示该算法的非隐私保护版本所对应的测试误差率。无论是算法的隐私保护版本还是非隐私保护版本，测试误差率都可以通过下面的公式来计算。

$$测试误差率 = \frac{被误判的测试样本数}{训练样本总数}$$

数据被水平分割情况下，反向传播神经网络学习算法 PPNN-DHP 和此算法的非隐私保护版本 NPPBNN 在测试误差率方面的实验结果如表 8-2 所示。

表 8-2　数据被水平分割情况下测试误差率比较　　　　单位：%

| 数据集合 | NPPBNN | PPNN-DHP |
| --- | --- | --- |
| Iris | 12.00 | 16.87 |
| Dermatology | 19.20 | 25.03 |
| Sonar | 16.55 | 21.30 |
| Landsat | 14.48 | 17.35 |

通过观察表 8-2 中的实验结果可以发现，反向传播神经网络学习算法 PPNN-DHP 的测试误差率高于其非隐私保护版本。原因是为了保护数据隐私而引入加密操作后，准确度误差的出现变得不可避免。在数据被水平分割的情况下，4 个数据集合所对应的准确度误差率间的差值分别为 4.87%、5.83%、4.75%、2.87%。因为差值在一定限度内，所以基于隐私保护的反向传播神经网络学习算法 PPNN-DHP 对现实世界数据集的学习仍然是十分有效的。

### 8.6.3　平均隐私泄露度的比较与分析

本节将比较算法 PPNN-DHP 与算法 NPPBNN 在平均隐私泄露度上的差别。通过观察图 8-2 中的实验结果，可以发现当加密密钥长度和参与方数目不变时，随着计算节点数目的增多，两种算法的平均隐私泄露度都逐渐减少。在节点数从 4 增加到 16 的过程中，算法 NPPBNN 的平均隐私泄露度减少的趋势更快。当计算节点数目大于 200 之后，两种算法的平均隐私泄露度都将趋于一个稳定值。如图 8-2 所示，在整个实验过程中，算法 PPNN-DHP 的平均隐私泄露度始终要小于算法 NPPBNN 的隐私泄露度，说明算法 PPNN-DHP 可以更好地保证在反向传播神经网络学习过程中隐私信息不被泄露。

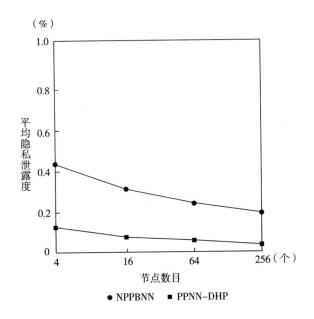

**图 8-2 算法 PPNN-DHP 和算法 NPPBNN 在平均隐私泄露度上的比较**

# 8.7 小结

本章为反向传播神经网络提出基于隐私保护的算法，该算法不仅适用于数据被水平分割的情况，而且适用于多个参与方存在的分布式环境。所有参与方在整个数据集合上联合建造了一个神经网络学习模型，并且每个参与方不需要将自己的数据透露给其他参与方。所有参与方可以安全地共享学习模型，并且使用该模型为各自的目标数据预测出相应的输出结果。本章在实验部分表明算法 PPNN-DHP 与非隐私保护版本算法 NPPBNN 在执行时间、准确度误差和隐私泄露度上的差别，并分析了原因。此外，本章所提出的基于隐私保护的反向传播神经网络学习算法 PPNN-DHP 仅适用于数据被水平分割情况。未来将讨论数据被垂直分割时，如何设计出基于隐私保护的反向传播神经网络学习算法。

# 9 面向金融大数据多敏感属性的隐私保护研究

本章针对金融大数据多敏感属性数据发布问题进行了详细的研究，首先，本章提出了一个新的匿名化模型——（α，β，$k$）-anonymity，该模型用来保护多敏感属性隐私数据的安全。同时，分别对数据表中不同类型的数据采用不同的方法进行有效的处理。其次，本章提出了实现（α，β，$k$）-anonymity 模型的算法。最后，通过具体的实验，采用实际数据集，从数据的发布质量、防止攻击的能力、执行效率三个方面对本部分所提出的方法进行了验证与分析。实验表明本章所提出的方法能够有效抵制同质攻击与背景知识攻击，保护多敏感属性数据集中的隐私信息，同时具有较高的执行效率，并能生成高质量的数据。

## 9.1 引言

在许多实际应用中，数据信息中经常包含多个敏感属性，例如病人的诊断记录表中，除了包含敏感信息疾病之外，可能还包含不愿让他人获取的就医花费、家庭住址等敏感信息，这些属性都称作多敏感属性。具体来说，多敏感属性可分为直接敏感型和间接敏感型两类。直接敏感型指的是多个敏感属性存在于同一个发布表中，每个元组的多个敏感属性对应同一个体。间接敏感型指的是有一些属性虽然本身并不包含个体的隐私信息，但是却与具体的隐私信息之间存在着明显的特定联系。因此，若直接发布这类属性就等同于间接发布敏感信息。

在数据库安全中的隐私保护领域，现有的隐私保护技术主要应用于包含单敏感属性数据的信息发布。因为多敏感属性数据之间具有相关性，不适用多敏感属性数据的发布。若将现有的方法直接应用于多敏感属性数据的信息发布将不可避免地导致大量隐私信息的泄露。因此，发布带有多敏感属性的数据集比发布带有单敏感属性的数据集有更大的挑战性。

# 9.2　问题分析

本节通过具体的例子来分析发布多敏感属性数据集所带来的隐私泄露情况。

假设表9-1中的数据将要被医院或者保险公司等机构对外公布，疾病属性和工资属性都是敏感属性。表9-2是表9-1的一个 $l$-diversity 匿名数据表，虽然表9-2中的疾病属性和工资属性都符合 3-diversity 规则，但是并不能防止背景知识攻击。如果一个攻击者知道 Rose（女性）的信息在第一个 QI-group 中，并且根据所掌握的背景知识获悉 Rose 的工资不是 6000。那么，攻击者就能够推断出 Rose 患了精神抑郁症（Depression）。同样地，如果攻击者根据所掌握的背景知识，知道 John 在第二个 QI-group 中，并且 John（男性）的工资不少于 3000，那么该攻击者就能够推断出 John 曾受过紧张症（Catatonia）困扰。虽然敏感属性符合 $l$-diversity 规则，但是隐私信息仍然会出现泄露的情况，主要原因是多敏感属性之间缺乏相对多样性，容易出现推理通道。

**表 9-1　原始数据**

| ID | QI | | | SA | |
| --- | --- | --- | --- | --- | --- |
| | Sex（性别） | Age（年龄） | Zip code（邮政编码） | Salary（工资） | Disease（疾病） |
| t1 | F | 30 | 66212 | 6000 | Headache |
| t2 | F | 28 | 66251 | 4000 | Depression |
| t3 | F | 26 | 66253 | 2000 | Depression |
| t4 | F | 26 | 66252 | 6000 | Paranoia |
| t5 | M | 39 | 63223 | 5000 | Catatonia |
| t6 | M | 40 | 65262 | 2000 | Paranoia |

续表

| ID | QI | | | SA | |
|---|---|---|---|---|---|
| | Sex（性别） | Age（年龄） | Zip code（邮政编码） | Salary（工资） | Disease（疾病） |
| t7 | M | 36 | 63232 | 6000 | Catatonia |
| t8 | M | 35 | 65261 | 2000 | Insomnia |

表 9-2　3-diversity 匿名表

| ID | QI | | | SA | |
|---|---|---|---|---|---|
| | Sex（性别） | Age（年龄） | Zip code（邮政编码） | Salary（工资） | Disease（疾病） |
| t1 | F | [25~30] | 66＊＊＊ | 6000 | Headache |
| t2 | F | [25~30] | 66＊＊＊ | 4000 | Depression |
| t3 | F | [25~30] | 66＊＊＊ | 2000 | Depression |
| t4 | F | [25~30] | 66＊＊＊ | 6000 | Paranoia |
| t5 | M | [35~40] | 6＊＊＊＊ | 5000 | Catatonia |
| t6 | M | [35~40] | 6＊＊＊＊ | 2000 | Paranoia |
| t7 | M | [35~40] | 6＊＊＊＊ | 6000 | Catatonia |
| t8 | M | [35~40] | 6＊＊＊＊ | 2000 | Insomnia |

# 9.3　（α，β，$k$）–anonymity 模型

## 9.3.1　问题定义

本节主要对包含多敏感属性数据集的发布问题进行形式化定义。

**定义 9.1**　（多敏感属性集）假设一个给定的数据集为 T($A_1$，…，$A_n$)，T 包含 $m$ 个非敏感属性 $Q_1$，…，$Q_m$($1 \leqslant m < n$) 和 $i$ 个敏感属性 $S_1$，…，$S_i$($i = 1$, 2，…，$n - m$)，{$Q_1$，…，$Q_m$} ⊆ {$A_1$，…，$A_n$}，{$S_1$，…，$S_i$} ⊆ {$A_1$，…，$A_n$}，T 中含有 $r$ 个元组，其中每条元组记为 $t_j$($1 \leqslant j \leqslant r$)，Dom($S_i$) 为 $S_i$ 的值域。数据集 T 称为多敏感属性集。

**定义 9.2** （单敏感属性多样性规则）对于包含单敏感属性的等价组，若其中的敏感属性至少有 $l$ 个良性表示，则该等价组是 $l$ 多样性的。若整个数据表中的所有等价组均能满足 $l$ 多样性，则该数据表是 $l$ 多样性的。

$l$ 个良性表示包含两种意思：

（1）相异 $l$-diversity，即每个等价组中的敏感属性至少应有 l 个不同的值。

（2）信息熵 $l$-diversity，即每个等价组的信息熵 $Entropy$ $(q)$ $\geq \log$ $(l)$

信息熵公式：$Entropy(q) = -\sum_{s \in s} p(E, s) \log p(E, s)$

其中 $s' \in Dom$ （s），Dom（s）为敏感属性的取值域；$p(G, s) = n(G, s)/n(G, s')$ 为等价组 G 中敏感属性值等于 $s$ 的元组所占的比例。熵越大表示等价组中的敏感属性值分布越均匀，隐私保护程度也越高（Polat and Du，2003）。

**定义 9.3** （多敏感属性 $l$-diversity）设 T 包含非敏感属性 $Q_1$，$\cdots$，$Q_m$ （$1 \leq m < n$）和敏感属性 $S_1$，$\cdots$，$S_i$，对于所有的 $i = 1$，2，$\cdots$，$n-m$，当 $S_i$ 作为唯一的敏感属性，$\{Q_1, \cdots, Q_m, S_1, \cdots, S_{i-1}, S_{i+1}, \cdots, S_{m2}\}$ 为 QI 属性时，若表 T 满足单敏感属性 $l$-diversity 规则，则 T 满足多敏感属性 $l$-diversity 规则（Polat and Du，2003）。

**引理 9.1** 在同一个 QI-group 中，如果多敏感属性的每一维都满足 $l$-diversity，则多敏感属性集必定满足 $l$-diversity。

**证明：** 反证法，多敏感属性集中的每一维属性都满足 $l$-diversity 规则，但是多敏感属性集不满足 $l$-diversity 规则。假设分组为 $G(t_1, t_2, \cdots, t_m)$，G 包含的元组中所有敏感属性集向量出现频率最高的敏感值为 $(t[S_1], t[S_2], \cdots, t[S_q])$，其出现的次数为 $(c[S_1], c[S_2], \cdots, c[S_q])$。对于每一个单独的敏感属性 $S_j$，其值 $t_0[S_i]$ 出现的次数 $c_0(t[S_i]) \leq c[S_i]$。由多敏感属性的每一维都满足 $l$-diversity 可以推出 $c_0(t[S_i])/|G| \leq 1/l$，所以有 $c_0(t[S_i])/|G| \leq c[S_i]/|G| \leq 1/l$。由敏感属性集不满足 $l$-diversity 规则可以推出 $c[S_i]/|G| \geq 1/l$，与条件中的每一维敏感属性都满足 $l$-diversity 规则性质相矛盾，因此假设不成立。定理得证。

**定义 9.4** （多敏感属性分组）设表 T 共有 g 个分组，各分组记为 $QI_q$ （$q = 1$，2，$\cdots$，g），如果每个分组都满足 $l$-diversity 规则，$l$ 为每个维度中的不同值个数的最小值，且 $S_i$（$i = 1, 2, \cdots, n-m$）是唯一的敏感属性，则 $QI_q$ 为 T 中的多敏感属性分组。

**定义 9.5**（同质攻击）同质攻击是指发布的数据表中等价组的敏感信息相同，以至于攻击者获得数据表后，通过外部表与准标识符链接确定某个个体所属的等价类，从而获得相应个体的敏感信息。

**定义 9.6**（同质推理判断函数）同质推理判断函数用公式表示为

$$\delta(c^*, s, RT) = \frac{n(c^*, s) \dfrac{(fs \mid c)}{fs \mid c^*}}{\sum_{s' \in s} n(c^*, s') \dfrac{(fs' \mid c)}{(fs' \mid c^*)}}$$

其中，$T^*$ 表示表 T 基于准标识符 QI 的匿名表；$c$ 表示 T 中的非敏感属性 A 包含的具体属性值；$s$ 表示敏感属性 S 包含的具体属性值。$c^*$ 表示 $T^*$ 表中属性值 $c$ 的泛化值。$n(c^*, s')$ 表示元组 $t^*$ 的数目，其中 $t^* \in T^*$，$t^*[QI] = c^*$，$t^*[s] = s'$，$(fs' \mid c^*)$ 表示在非敏感属性 A 泛化成 $c^*$ 的条件下，敏感属性值 $s'$ 的条件概率。

**定义 9.7**（背景知识攻击模型）背景知识包括所有个体的身份信息和准确的 QI 属性值，这些信息都被攻击者所掌握。根据背景知识目标，个体 A 在敏感属性 $A_j$（$1 \leqslant j <= t$）上的敏感属性值不可能是 B 的敏感信息。

背景知识可以包含在一个等价类中，个体的身份信息和准确的 QI 属性值都可以从外部表中获取。通过获取表 $T^*$ 中的 QI 属性值，攻击者可以定位包含目标个体 A 的对应元组的等价组。获得对应的等价组后，攻击者可以推测目标个体 A 所对应的敏感信息。

例如，对一个假定的攻击者来说，获取与表 9-2 有关的外部信息是可行的，攻击者利用所掌握的背景知识可以推断出一些人的隐私信息。

**定义 9.8**（多敏感属性集隐私推理函数）设 A 是分布的随机变量，$A_j$ 是 $A_j^s$（$1 \leqslant j \leqslant t$）分布的随机变量，攻击者对某个个体推理的概率函数为：

$$P\left[A_j = (v_1, \cdots, v_t)\right] = \frac{n(QI, (v_1, \cdots, v_t))}{|QI|}$$

其中，$n(QI, v)$ 表示 QI 中敏感属性 A 上的值为 $v$ 的元组数量。

如果攻击者获得的背景知识为目标个体 A 在敏感属性 $A_j$（$1 \leqslant j \leqslant t$）上的敏感属性值不可能是敏感值 B，那么攻击者对某个目标个体的推理概率函数为：

$$P[X=(v_1, \cdots, v_t)]=n(QI', (v_1, \cdots, v_t))/|QI'|$$

其中，$QI'=QI-\bigcup_{i=a}^{b}\{r \mid r \in QI \wedge r.A_i^s=Y\}$；$QI'$ 表示 QI 中元组的数量与攻击者根据背景知识所涉及的敏感属性值所占的元组数量之差；$n(QI', (v_1, \cdots, v_t))$ 表示 $QI'$ 中敏感向量为 $(v_1, \cdots, v_t)$ 的记录数；$|QI'|$ 表示 $QI'$ 中的元组数。

例如，当攻击者知道目标个体 Rose 出现在表 9-2 中的第一个等价组中时，就可以推测出 $P[A_2=Depression]=50\%$。若攻击者根据背景知识还得知 Rose 在 Salary 属性上的敏感值不是 6000，攻击者可以推测 $P[X_2=Depression]=100\%$。这样在疾病敏感属性上，目标个体 Rose 的隐私就被泄露了。

显然，满足 *l*-diversity 的表 9-2 并不能阻止背景知识攻击，原因是发布的数据表 T* 中保留了原始数据表 T 中个体与敏感属性值的真实对应关系，且由于敏感属性之间缺乏对应多样性，攻击者根据敏感属性直接的对应关系可以推测出目标个体的敏感值。

因此，本节针对多敏感属性数据的隐私保护问题进行了详细的研究，继承了 *k*-anonymity 与 *l*-diversity 对敏感数据进行隐私保护的思想，提出了一个新颖的隐私保护模型——（α，β，*k*）-anonymity 模型，以解决发布多敏感属性数据集所带来的隐私泄露问题。

### 9.3.2  （α，β，*k*）-anonymity

**定义 9.9**  （（α，β，*k*）-anonymity）设表 T（$A_1$, $\cdots$, $A_n$）包含非敏感属性 $Q_1$, $\cdots$, $Q_m$ 和敏感属性 $S_1$, $\cdots$, $S_i$。在 QI-group 中，元组的数量是 $t_{QIq}$（$q=1, 2, \cdots, g$），敏感属性 $S_i$ 不同值的数量为 $nS_i$，在 $S_{i-1}$ 中所有相同的敏感属性值相对应的 $S_i$ 中不同的敏感属性值的数量是 $nS'_i$。表 T 满足（α，β，*k*）-anonymity 当且仅当 T 满足 *k*-anonymity，并且同一个 QI-group 中若去掉 $S_{i-1}$ 中所有相同的敏感属性值所属的元组后，每个敏感属性下敏感值不同值至少出现 β 次（$2 \leq \beta \leq k$），$\alpha=nS_i-nS'_i \neq 1$。

为了阐述（α，β，*k*）-anonymity 策略，分析表 9-2 中的数据，表 9-2 包括两个 QI-groups，性别、年龄和邮编属性满足 4-anonymity。在第一组中分别有三种不同疾病属性值和三个不同的工资属性值，所以 β=3。在第一组中，$nS_1 = nS_2 = 3$，因为同样的工资属性值 {6000，6000} 对应的不同疾病属性值是 Headache 和 Paranoia，所以 $nS'_2 = 2$。经过判断可以得出 $\alpha = nS_2 - nS'_2 = 3 - 2 = 1$。根据定义 9.8，表 9-2 不满足（$\alpha$，$\beta$，$k$）-anonymity 模型。从 9.2 节和 9.3.1 节中的分析可以得出表 9-2 将会导致隐私信息的泄露，也就是说，如果表 T 出现 $\alpha = 1$ 的情况，攻击者将可以利用掌握的背景知识来获取某些个体的隐私信息。

**定义 9.10**（分类敏感属性规则）对于表 T 中的任意一个 QI-group，如果 $\alpha = 1$，那么对于 $S_i$ 中最后一组相同的敏感属性值，敏感属性值的父节点将至少替代这些值中的 $1/\delta$（$\delta \geq 2$）。

**定义 9.11**（元组间的距离）令（$N_1$，$N_2$，$\cdots N_e$，$C_1$，$C_2$，$\cdots$，$C_f$，$S_1$，$S_2$，$\cdots$，$S_p$）表示多敏感属性表 T 的属性，其中 $N_i$（$i = 1$，$2$，$\cdots$，$e$）是数值型属性，$C_j$（$j = 1$，$2$，$\cdots$，$f$）是分类型属性，$S_p$（$p = 1$，$2$，$\cdots$，$s$）是敏感属性，那么对于元组 $r_1$，$r_2 \in T$，它们之间的距离用公式表示为：

$$\Delta(r_1, r_2) = \frac{\sum_{i=1}^{e} |r_1[N_i] - r_2[N_i]|}{|N|} + \frac{\sum_{j=1}^{f} H(\wedge(r_1[C_j], r_2[C_j]))}{H(T_c)}$$

其中，$r_1[A]$ 表示记录 $r_i$ 在属性 A 上的值；$|N|$ 为 N 中最大值与最小值之差；H（T）表示树 T 的高度；$\wedge(r_1[C_j], r_2[C_j])$ 表示以 $r_1[C_j]$ 和 $r_2[C_j]$ 的最小公共祖先为根节点的子树。

为了评价匿名的多敏感数据表对于原表的精确程度，需要对信息损失程度进行度量。

**定义 9.12**（信息损失度量函数）信息损失度量函数用公式表示为：

$$IL(t^*) = \sum_{i=1}^{e+f} \frac{A_i^* \text{ 包含的数值个数} - 1}{A_i \text{ 所在域包含的数值个数}} + \sum_{p=1}^{s} \frac{S_p^* \text{ 包含的数值个数} - 1}{S_p \text{ 所在域包含的数值个数}}$$

其中，$A_i$ 是准标识符属性；$S_p$ 是多敏感属性；$A_i^*$ 为 $A_i$ 泛化后的值；$S_p^*$ 为 $S_p$ 泛化后的值；$t^*$ 代表泛化后的元组；信息损失为准标识符属性信息损失与多敏感属性损失之和。

信息损失率公式为：

$$DistortionRation(T^*) = \frac{\sum IL(t^*)}{\sum \sum_{i=1}^{e+f} 1}$$

**引理 9.2** 如果一个等价组 $QI_g$ 中至少包含 $\beta$ 个元组，没有两行在任意敏感属性上有相同的值，那么这个等价组满足 β 多样性。

**证明**：在等价组 QI_g 中，如果没有两行元组在任意敏感属性上具有相同的值，那么删除一个唯一的敏感值将至多删除等价组中的一行。因此，要删除等价组 QI_g 中不同的敏感值至少需要做 β 次删除，所以该等价组 QI_g 满足 β 多样性。定理得证。

**引理 9.3**　对于一个满足（α，β，$k$）-anonymity 规则的匿名数据表 T*，攻击者能够推断出目标个体在任意敏感属性上的敏感值的概率不大于 1/β。

**证明**：假定一个攻击者根据所掌握的背景知识，试图通过匿名数据 T* 来推断出目标个体 $c$ 的敏感信息。攻击者可以根据目标个体的 QI 属性值来确定 $c$ 对应的元组包含在等价组 QI_g 中，即 $r_c \in \mathbf{QI}_g$。根据（α，β，$k$）-anonymity 策略和分类敏感属性规则，由于消除了 α = 1 的情况，攻击者根据 T* 所得到的敏感属性之间的对应关系是经过泛化处理之后的对应关系，攻击者无法确定泛化处理之后的对应关系所表示的真实对应关系。因此，攻击者不可能根据所掌握的背景知识从目标个体的可能敏感值集合中排除那些不可能是目标个体敏感值的对象。攻击者在没有其他知识的情况下，只能假设 QI_g 中的所有个体都有相同的机会拥有敏感属性 $A_j^s$（1 ≤ $j$ ≤ $t$）上的任意敏感值。因此，根据定义 9.8 可知，P[ X = （$v_1$，…，$v_t$）] = n( QI′，（$v_1$，…，$v_t$）)／| QI′ | ≤ 1/β，即攻击者对于满足（α，β，$k$）-anonymity 规则的匿名数据表 T* 中的每一维敏感属性都无法以大于 1/β 的概率推断出其真实值。得证。

**引理 9.4**　如果表 T* 满足（α，β，$k$）-anonymity 规则，那么表 T* 中的多敏感属性多样性等价组 QI_g 对于发布的数据来说是安全的。

**证明**：满足（α，β，$k$）-anonymity 规则的表 T* 中的等价组 QI_g 中的每一维敏感属性的取值具有多样性特征且敏感属性之间增加了对应多样性。由引理 9.2 可知，攻击者对等价组 QI_g 中的每一维敏感属性都无法以大于 1/β 的概率推断出其真实值。因此，对于等价组 QI_g 来说，发布的数据是安全的，得证。

## 9.4　（α，β，$k$）-anonymity 算法

（α，β，$k$）-anonymity 算法的作用是将源数据转变成满足（α，β，

$k$) -anonymity 模型的数据，同时优化敏感属性算法，使其适合多敏感属性策略，从而实现安全发布包含多敏感属性的数据并且阻止同质攻击与背景知识攻击。本节使用多维划分的方法来分别对多敏感属性数据集中的准标识符属性进行处理。

（$\alpha$，$\beta$，$k$）-anonymity 问题可以定义如下：

**定义 9.13** （（$\alpha$，$\beta$，$k$）-anonymity 问题）对于给定的多敏感属性数据集 T，对于 $T^*$，（$\alpha$，$\beta$，$k$）-anonymity 问题是多敏感属性 S（$S_1$，…，$S_i$）的划分问题，$QI_j \in T$，$1 \leq j \leq i$。$\cup_{j=1}^{i} QI_j = T$，$QI_u \cap QI_j$ 为空集，$u \in [1, i]$，$u \neq j$。$|S_j| \geq k$，并且去掉 $S_{i-1}$ 中所有相同的敏感属性值所属的元组后，$S_i$ 中敏感值不同的值至少出现 $\beta$ 次。

**定义 9.14** （多维分割条件）对于由 $d$ 维空间中的点组成的多个子集 P，当且仅当 $|\{t: t \in R, t.Q_i > q_i\}| \geq k$ 与 $|\{t: t \in R, t.Q_i \leq q_i\}| \geq k$ 成立时，可以在轴 $Q_i$ 上对 $q_i$ 进行分割。

分割分为水平分割与垂直分割，所有的分割线都必须在域空间内部。当一个单维或多维空间不能再分割时，此时这个单维或多维空间最小，称为维度空间的最小划分。定义 9.15 和定义 9.16 分别给出了最小单维和最小多维划分的具体描述。

**定义 9.15** （最小（$\alpha$，$\beta$，$k$）-anonymity 单维划分）设对包含点 R 的多个子集的域空间进行单维划分的域集为 $G_1$，…，$G_m$，其中 $G_i$ 包含点 $R_i$ 的多个集合（$1 \leq i \leq m$）。如果对于 $\forall_i$，$|R_i| \geq k$ 且 R 不能再进行分割，那么此单维划分称为最小（$\alpha$，$\beta$，$k$）-anonymity 划分。在 $d$ 维空间中（$d \geq 2$），点 R 的多个子集的最小（$\alpha$，$\beta$，$k$）-anonymity 单维划分，在任一区域 $G_i$ 中点的最大数量为 O（$|R|$）。

**定义 9.16** （最小（$\alpha$，$\beta$，$k$）-anonymity 多维划分）设由 $k$-anonymous 进行最小多维划分的区域集为 $G_1$，…，$G_m$，每一个区域集 $G_i$ 包含点 R 的多子集 $R_i$。如果对于 $\forall_i$，$|R_i| \geq k$ 且 $G_i$ 中不存在允许多维划分的情况，那么这个多维划分是最小的。在 $d$ 维空间中（$d \geq 2$），对于点 R 的多个子集的最小（$\alpha$，$\beta$，$k$）-anonymity 多维划分，任一区域 $G_i$ 中点的最大数量为 $2d$（$k-1$）。

**定义 9.17** （准标志符属性的泛化）设 G 为 T 中的类，G = $\{r_1$，$r_2$，…，$r_q\}$ $\in T$，KN= $\{N_1$，$N_2$，…，$N_e\}$ 表示准标识符中的数值型属

性，KC = $\{C_1, C_2, \cdots, C_f\}$ 表示准标识符中的分类型属性，G 的泛化信息即准标识符属性集 QI = KN∪KC。泛化定义如下：

（1）对于每一个分类属性 $C_j \in$ KC（$1 \leqslant j \leqslant f$），Gen（G）$[C_j]$ 的值为 $H_{Cj}$ 中 $\{r_1[C_j], \cdots, r_q[C_j]\}$ 的最低父节点。$H_C$ 指准标识符分类属性 KC 的层次。

（2）对于每一个数值型属性 $N_j \in$ KN（$1 \leqslant j \leqslant e$），Gen$(c_1)[N_j]$ 的值用一个间隔来表示，即 Gen$(c_1)[N_j] = [\min\{r_1[N_j], \cdots, r_q[N_j]\}, \max\{r_1[N_j], \cdots, r_q[N_j]\}]$。$C_l$ 的泛化信息 Gen$(C_l)$ 是每个准标识符属性的泛化值。$c_l$ 中的每个元组都将被 Gen$(C_l)$ 所代替，生成 QI-group。

（$\alpha$，$\beta$，$k$）-anonymity 算法分为两个步骤：第一个步骤为准标识符属性值的泛化，包括数值型属性值的泛化和分类型属性值的泛化两个部分。基于贪婪算法提出了一个自顶向下的多维划分方法，使用局部泛化编码模型泛化分类型属性，即采用分类树进行泛化；使用单维有续集划分模型泛化数值型属性，即对泛化间隔设定合适的结束点，对于包含数字值比较多的属性列则通过离散的方法进行处理。第二个步骤涉及多敏感属性 S（$S_1$，$\cdots$，$S_i$）的划分问题。需要计算同一个 QI-group 中若去掉 $S_{i-1}$ 中所有相同的敏感属性值后，不同敏感值出现的次数 $\beta$，以及 $\alpha$ 的值。对不符合（$\alpha$，$\beta$，$k$）-anonymity 规则的元组进行敏感属性的泛化，泛化采用自底向上的局部编码算法。为避免数据的过度失真，采用对敏感属性进行泛化的方法。虽然对敏感属性进行泛化会对数据精度带来较小的影响，但可以为准标识符属性保留更多的源信息。

自顶向下的划分思想通过定义一个划分树可以很方便地表达出来，树中的每一个叶子节点包含一个多维域。例如，图 9-1 描绘了准标识符属性 age 和 Zip code 的划分树，其中每一个叶子节点都包含一个多维空间，泛化的元组覆盖着域空间。

在表 9-3 所描述的（$\alpha$，$\beta$，$k$）-anonymity 算法中，首先进行准标识符属性值的泛化，包括数值型属性值和分类型属性值的泛化两部分操作。基于贪婪算法提出了一个自顶向下的多维划分方法，并且使用局部泛化编码模型泛化分类型属性，使单维有续集划分数值型属性。然后（$\alpha$，$\beta$，$k$）-anonymity 算法转换为多敏感属性 S（SI，$\cdots$，Si）的划分问题。

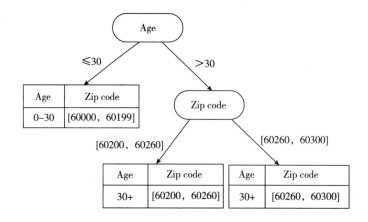

图 9-1　划分树的结构图

表 9-3　（α，β，k）–anonymity 算法

---

1. 输入：数据表 T，β，k，i，δ，2≤β≤k，分类属性结构
2. 输出：可发布的数据表 T∗
3. 流程：
4. 对每一个数值属性设定 threshold.
5. While（T≠Φ）
6. dim←Choosedim（QI）
7. if Ai ∈ Number or Ordinal ｛
8. 使用 choosedim（QI）将需做处理的属性赋予变量 dim
9. fs = frequency_set（partition，dim）
10. threshold = find_median（fs）
11. if t ∈ R && t. dim≤threshold
12. ｛遍历左子树 Lst
13. 通过设定 dim. mix = threshold 更新 G，生成 Gl
14. anonymize（Gl，Lst，｛Q1，…，Qd｝）｝
15. if t ∈ R && t. dim>threshold
16. ｛遍历右子树 Rst
17. 通过设定 dim. max = threshold 更新 G，生成 Gr
18. anonymize（Gl，Rst，｛Q1，…，Qd｝）　｝
19. T′= anonymize（Gl，Lst，｛Q1，…，Qd｝）∪anonymize（Gr，Lst，｛Q1，…Qd｝）
20. return T′｝
21. if Ai ∈ Cate｛
22. 使用 choose（T′）将需做处理的属性赋予变量 g
23. for each child vi
24. 设定 dim. value = vi 更新 G，生成 Gi
25. 重置｛Q1，…，Qd｝中以 vi 为根节点带有子树的 dim. Hierarchy，生成 QI′g｝

---

26. end while
27. for g=1 to │QIg′│
28. for i=1 to n-m │
29. 计算 nSi 与 nS′i 的值
30. 计算 │QIg │中元组的数量 Cp
31. 计算 Si-1 中所有相同的敏感属性值所属的元组个数 Cq
32. 判断剩下的 Cp-Cq 个元组中敏感属性值的情况
33. if（nSi-nS′i=1）或 同一敏感属性的不同属性值个数<β
34. Si 中最后一组相同的敏感属性值的父节点将至少替代这些值中的 1/δ
35. else │T′具备（α，β，k）-anonymity 特征
36. Return T * │

表9-4 描述了（α，β，k）-anonymity 算法所使用到的多个参数的具体含义。

表9-4　参数说明

| 变量 | 说明 |
|---|---|
| G | 域空间 |
| nSi | 敏感属性 Si 不同属性值的个数 |
| nS′i | Si-1 中所有相同的敏感属性值相对应的 Si 中不同敏感属性值的数量 |
| Cp | │QIg │中元组的数量 |
| Cq | Si-1 中所有相同的敏感属性值所属的元组个数 |

# 9.5　实验评价与分析

## 9.5.1　实验环境

实验所使用到的电脑配置如下：AMD Dual-Core TK-55 1.6GHz CPU,

16GB 内存，120G 硬盘，运行系统：Windows 10 Professional。编程环境：Microsoft Visual C++编译器。

本实验采用 Kentucky Cancer Registry 的真实数据作为实验测试数据集。Kentucky Cancer Registry 数据集共包含 72194 条患者的信息，选取 Birth Date、gender、race 和 zip 4 个属性作为准标识符属性，同时将 tumor topography、histology、survival years、diagnose date、age at diagnosis 和 tumor size 6 个属性作为敏感属性（见表 9-5）。

**表 9-5　实验中采用的多敏感属性**

| 敏感属性个数 | 敏感属性 |
| --- | --- |
| $i=1$ | &lt;tumor topography&gt; |
| $i=2$ | &lt;tumor topography, histology&gt; |
| $i=3$ | &lt;tumor topography, histology, survival years&gt; |
| $i=4$ | &lt;tumor topography, histology, survival years, diagnose date&gt; |
| $i=5$ | &lt;tumor topography, histology, survival years, diagnose date, age at diagnosis&gt; |
| $i=6$ | &lt;tumor topography, histology, survival years, diagnose date, age at diagnosis, turnor size&gt; |

## 9.5.2　实验评价方法

本节通过实验来验证（α，β，$k$）-anonymity 模型及算法的有效性与应用性，实验的目的主要包括三个方面：①根据（α，β，$k$）-anonymity 模型得到的匿名化数据允许进行较准确的数据分析。②验证（α，β，$k$）-anonymity 模型可以有效抵御针对匿名数据表的同质攻击与背景知识攻击。③验证（α，β，$k$）-anonymity 隐私保护算法的效率。

本节分别用 Exponential-L 算法和 anonymize 算法实现了多属性 $l$-diversity 和 $k$-anonymity & $l$-diversity（简称 $k$-$l$）多敏感规则，并对给定的数据集进行匿名化处理。通过具体的实验分别在信息损失度、隐私保护程度、算法的运行时间三个方面与根据（α，β，$k$）-anonymity 模型得到的匿名数据进行比较。

一个有效的隐私保护模型应当能在保护隐私的基础上，产生比较小的数据损失，参数 $k$ 和 $l$ 都可以对隐私保护的程度产生影响。对于包含多敏感属性的数据集的发布，有以下方法可以用来计算数据集的信息损失程度。

（1）Discernability 方法。该方法用来衡量匿名组粒度大小的有效性，Discernability 指的是所有记录的等价组的平均粒度，由于每一个等价组至少需要有 $k$ 个元组，所以最可能影响到 Discernability 计算结果的参数是 $k$，Discernability 越小表示信息损失度越小。

设 $C_{DM}$ 表示发布的多敏感属性数据表的惩罚度，表中的每个元组都有一个惩罚度，CDM 由等价组的粒度来决定。

$$C_{DM} = \sum_{\forall E\, s.\, t.\, |E|\, >k} |E|^2 = \sum_{j=1}^{i} |QI_j|^2$$

其中，$|E|$ 表示等价组 $QI_j$ 的粒度。

等价组平均粒度的度量公式为：

$$C_{AVG} = \frac{count(t_i)}{k \times count(|QI_j|)}$$

其中，$count\,(t_i)$ 表示所有元组的数量，$count\,(|QI_j|)$ 表示所有等价组的数量。

设 $count\,(t_i) = r$，则对于包含 $r$ 个元组的多敏感属性数据集，最小的 Discernability 损失度计算公式为：

$$\min C_{DM} \geq \min \left( \sum_{|E| \geq k} |E|^2 \right) \geq \sum_{i=1}^{n} \min(|E_i|) \geq \sum_{i=1}^{n} = count(t_i) \times k$$

（2）失真率计算，即通过计算匿名表 $T^*$ 中所有元组的信息丢失，从而比较全部元组在所有属性值上的绝对信息丢失量。

设 $v$ 为属性 A 域值 Dom（A）范围内的一个值，使用 loss（$v^*$）表示 $v$ 泛化成 $v^*$ 带来的信息损失量。$Vnum\,(v^*)$ 表示值 $v^*$ 的兄弟节点的数量，属性 A 的域值范围内所有值的数量为 $Vnum.\,Dom\,(A)$，信息损失公式为：

$$loss(v^*) = \frac{Vnum(v^*) - 1}{Vnum.\,Dom(A)}$$

例如，Schizotupal disorder 有两个叶子节点，将 Catatonia 泛化成 Schizotupal disorder 带来的信息损失为 loss（Catatonia）=（3 − 1）/30000 = 1/15000。显然，如果 $v$ 未被泛化，那么 loss（$v^*$）= 0。泛化后得到的元组 $t^*$ 的信息损失包括准标识符属性值的信息损失 loss（$t_{qi}^*$）和敏感属性值

的信息损失 loss（$t_s^*$）两个部分。

$$loss_{tuple}(t_{qi}^*) = \sum_{i=1}^{e+f} Loss(t^*.A_i^{qi})$$

$$loss_{tuple}(t_{sa}^*) = \sum_{i=1}^{s} Loss(t^*.A_i^{sa})$$

**定义 9.18**　（多敏感属性集失真率）对于包含多敏感数据的数据表 T 匿名化为表 $T^*$ 所形成的全部信息损失称作多敏感属性集失真率。多敏感属性集失真率包括准标识符属性信息失真率 QI. DisR（$T^*$）和敏感属性信息失真率 SA. DisR（$T^*$）两个部分，计算公式为：

$$T.DisR(T^*) = QI.DisR(T^*) + SA.DisR(T^*)$$

其中：

$$QI.DisR(T^*) = \frac{\sum_{\forall t* inT*} Loss_{tuple}(t_{qi}^*)}{\sum_{\forall t* inT*} \sum_{i=1}^{e+f} 1}$$

$$SA.DisR(T^*) = \frac{\sum_{\forall t* inT*} Loss_{tuple}(t_{sa}^*)}{\sum_{\forall t* inT*} \sum_{i=1}^{s} 1}$$

### 9.5.3　实验结果及分析

（1）信息损失程度分析。在信息损失程度方面，本小节分别采用 9.5.2 节中的两个多敏感属性集信息损失程度的方法，分别对（α，β，$k$）-anonymity、多属性 $l$-diversity 规则和 $k$-$l$ 多敏感规则进行全面的比较，设 β = $l$。

首先对 Discernability 进行测试比较。试验中，有三个比较重要的参数：$k$、$l$ 和敏感属性的数量 $i$。采用分别固定其中两个参数，让另外一个参数的数量发生变化的方法对上述三种模型进行实验。图 9-2 给出了当 $k$ = 40，$i$ = 3（使用前 3 个敏感属性）时，Discernability 随 $l$ 值的增加而发生变化的曲线。从图中可以看出，三个算法产生的数据表的 Discernability 都随着 $l$ 值的增加而增加。但是（α，β，$k$）-anonymity 的 Discernability 比 Exponential-L 算法和 $k$-$l$ 算法的 Discernability 低很多。Exponential-L 算法和 $k$-$l$ 算法的 Discernability 的增加幅度比较小，原因是匿名化规则的约束使更多的等价组不能被进一步分解，因此 $l$ 值的增加对等价组产生的影响比较小。

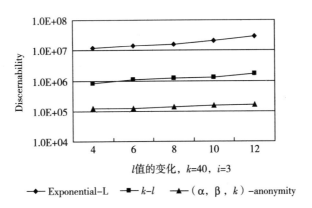

**图 9-2 Discernability 随 $l$ 值变化的比较**

图 9-3 给出了当 $l=5$，$i=3$ 时，Discernability 随 $k$ 值的增加而发生变化的曲线。从图中可以看出，这三个方法的 Discernability 都随着 $k$ 值的增加而增加。正如期望的那样，$(\alpha, \beta, k)$ -anonymity 算法针对数值型属性和分类型属性采用了不同的泛化方法，增加了数据的泛化灵活性。所以当 $l$ 值保持不变，$k$ 值增加时，$(\alpha, \beta, k)$ -anonymity 匿名算法所形成的数据损失度明显小于其他两种方法形成的数据损失程度。

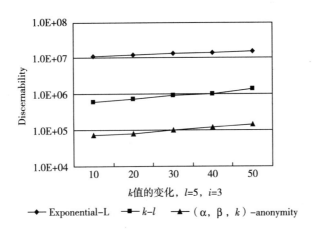

**图 9-3 Discernability 随 $k$ 值变化的比较**

图 9-4 给出了当 $k=20$，$l=8$ 时，Discernability 随敏感属性值数量 $i$ 的增加而发生变化的曲线。（α，β，$k$）-anonymity 的 Discernability 明显低于 Exponential-L 算法和 $k$-$l$ 算法的 Discernability。同时可以看出，当 $i=1$ 时，三种算法生成的匿名表的 Discernability 值相近。Discernability 值都随着敏感属性数量 $i$ 的增加而增加，包含多敏感属性的数据集损失程度比只包含单敏感属性的数据集损失程度要大。原因是随着敏感属性数量的增加，任意两个元组在敏感属性上有相同取值的可能性增大。因此会有包含更多元组的等价组需要实现 $l$-diversity，从而导致了泛化程度的加剧。另外，随着敏感属性数量 $i$ 的增加，泛化算法对多敏感属性会有更多的约束，这也是造成 Discernability 值增大的原因之一。

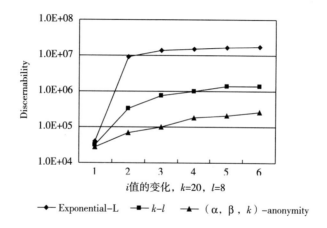

图 9-4　Discernability 随 $i$ 值变化的比较

图 9-5 到图 9-7 分别给出了三种算法在 $l$ 值增加、$k$ 值增加、$i$ 值增加时多敏感属性集失真率的比较情况。当 $l$ 值增加时，隐私保护程度提高，同一个等价组中的不同敏感属性个数增加，导致准标识符属性的泛化程度增加，同样也会导致原始数据中的信息大量丢失，最终使得多敏感属性集失真率变大。当其他情况相同，$k$ 值增加时，分组大小变大，由于要求分组内数据满足多样化，因此等价组内属性变化跨度大，泛化层次也相应增加，数据失真率也随之增大。当数据集数量相等，参数相等，敏感属性维数 $i$ 增加时，多敏感属性集失真率较高，这是由各维敏感属性多样性导致的。通过对比图 9-5 至图 9-7 可知，（α，β，$k$）-anonymity 算法采用的敏

感属性泛化避免了准标识符属性的过度泛化，所以总的失真率小于其他两种方法。因此，从总体上来说，（α，β，$k$）-anonymity 算法与$l$-diversity、$k$-$l$敏感规则相比具有比较低的数据损失程度。

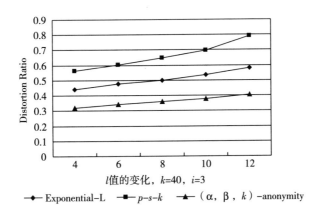

图 9-5　隐私保护程度随 $l$ 值变化的比较

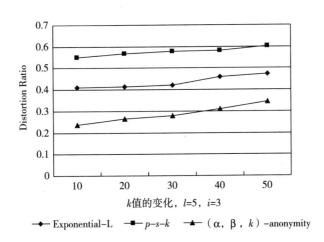

图 9-6　隐私保护程度随 $k$ 值变化的比较

根据以上实验结果综合分析可知，在同等条件下，（α，β，$k$）-anonymity 模型与$l$-diversity 及 $k$-$l$ 多敏感规则相比能够产生更好的泛化结果。

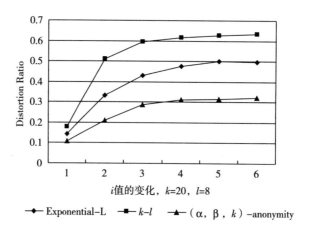

图 9-7　隐私保护程度随 $i$ 值变化的比较

（2）隐私保护能力的比较。算法发布数据的安全性由多敏感属性 $l$-多样性性质保证，即在 $k$ 值相等的情况下，（$\alpha$，$\beta$，$k$）-anonymity 规则的隐私保护能力由参数 $\beta$ 决定，而多属性 $l$-diversity 规则的隐私保护能力则由参数 $l$ 决定。设 $k=40$，$\beta=l$，并在 ［5，20］ 的范围内变化。从图 9-8 和图 9-9 中可以看出，随着 $l$ 值的增加，两者的隐私保护质量也随之提高。当敏感属性的维数 $i$ 增加时，多属性 $l$-diversity 规则的隐私保护能力逐渐减弱，原因是敏感属性的维数越多，敏感属性值之间越容易产生推理通道。

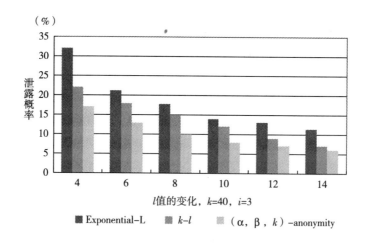

图 9-8　隐私保护程度随 $l$ 值变化的比较

攻击者根据敏感属性直接的对应关系可以推测到目标个体敏感值的概率增加。而（α，β，$k$）-anonymity 规则增加了多敏感属性之间的多样性，使得攻击者识别个体敏感值的不确定性增加。因此，（α，β，$k$）-anonymity 规则的隐私保护能力随着敏感属性维数 $i$ 的增加逐渐增强，明显强于多属性 $l$-diversity 规则的隐私保护能力。在扩展性方面，（α，β，$k$）-anonymity 规则适应多敏感属性的不断增加，具有较好的扩展性。

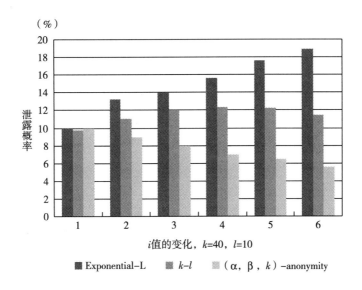

**图9-9 隐私保护程度随 $i$ 值变化的比较**

（3）执行时间的比较。图 9-10 给出了 $k = 40$，$l = 10$ 时，数据集大小对算法执行时间的影响。该实验通过选择数据集中的部分元组来改变元组的数量，并且使用数据集中全部 6 个敏感属性。从图 9-10 中可以看出，当元组的数量增加时，（α，β，$k$）-anonymity 算法的执行时间也随之增加。这是因为数据集数量增大会导致同一等价组中需要处理的元组数量增多。图 9-11 给出了对于相同的数据集，当 $k = 40$，$l = 10$ 时，敏感属性数量变化对算法执行时间的影响，该实验使用了数据集中所有数据并按照表 9-4 依次改变敏感属性的数量。当数据集大小相等、参数相等、敏感属性个数较多时，三种算法的执行时间也相应增加。这是由数据集中各维敏感属性需要满足多样性，对等价组中的元组进行处理导致的。

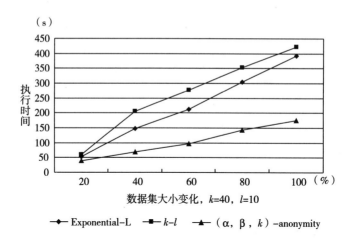

图 9-10　执行时间随数据集大小变化的比较

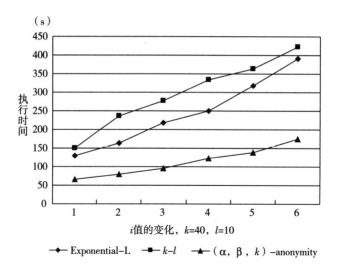

图 9-11　执行时间随 $i$ 值变化的比较

　　由上述实验结果得知，当参数 $k$，$l$ 取值固定时，三种算法的执行时间随着元组的增加和敏感属性维数的增加都相应增加。（α，β，$k$）-anonymity 算法的执行时间呈近似线性增长且增长幅度较低，而 Exponential-L 算法的执行时间随着元组和敏感属性的增加呈现指数增长的趋势，原因是当元组个数和敏感属性的维数增加时，处理的数据表中等价组的大小呈指数增加。尤其是当敏感属性的维度增加时，由于让更多的敏感属性满足 $l$-diversity 变得更加困难，势必会造成准标识符属性值的过度泛化，从而增加了执行泛化处理和寻找合适泛化函数的时间开销。由于检查数据表中的等价组是否满足（α，β，$k$）-anonymity 模型和对多维敏感属性的运算时间开销都会随着元组的增加以及敏感属性维数的增加而增加。所以（α，β，$k$）-anonymity 算法的执行时间仍然会相应增加。但由于（α，β，$k$）-anonymity 算法分别对准标识符中的分类数据和数值数据采用不同的泛化方法，以及对敏感属性进行相应的泛化处理，从而避免了对准标识符属性值的过度泛化，在很大程度上减少了处理的时间开销，所以（α，β，$k$）-anonymity 算法的执行时间呈近似线性增长，增长幅度也较低。

## 9.6　小结

本章针对多敏感属性的隐私保护问题进行了研究，提出了（α，β，$k$）-anonymity 模型，采用分类敏感属性规则，解决了发布多敏感属性数据造成的信息泄露问题。然后提出了（α，β，$k$）-anonymity 算法，该算法针对多敏感属性数据集的特点，采用自顶向下的多维划分方法以及单维有续集划分方法来实现（α，β，$k$）-anonymity 模型。实验结果表明，本章所提出的（α，β，$k$）-anonymity 模型能够有效地抵制针对带有多敏感属性的数据集的同质攻击与背景知识攻击，有效地保护个体隐私信息。与其他算法相比，（α，β，$k$）-anonymity 算法具有更高的执行效率，能够保证高精度发布多敏感属性的数据集。

# 10　金融大数据环境下基于隐私保护的贝叶斯网络增量学习算法

## 10.1　引言

贝叶斯网络学习是机器学习和数据挖掘的另一个研究方向。在贝叶斯网络学习中，数据集合中不同属性间的关系以及条件依赖性可以被抽取出来。因此，贝叶斯网络可以从大量复杂的数据集合中抽取规则和预测趋势。但是，越来越多的数据提供者不愿意为贝叶斯网络学习提供自己的数据，因为担心数据中的隐私信息被泄露。目前，对网络用户的调查研究表明：绝大多数人担心其私有数据以任何形式被发布给外部世界。因此，在进行贝叶斯网络学习时，应该考虑如何保护输入数据中的隐私信息不被泄露，如何保护学习模型中的隐私信息不被泄露。

目前，基于隐私保护的贝叶斯网络学习的相关文献较少。Yang 等（2006）提出了基于隐私保护的贝叶斯网络学习算法，该算法适用于数据被垂直分割的情况。该算法使用 K2 算法来生成贝叶斯网络的结构和参数，并且通过计算打分函数的近似值来生成贝叶斯网络的结构和参数。通过使用多种加密工具和安全点积协议可以得到打分函数的近似值。在这个算法中改变打分函数后，并不会影响最终的结果。因为由打分函数计算出的值只是被用来比较，并按照一定的次序进行排序。所以当函数本身发生变化后，并不会影响相对的排序关系。Yang 等（2006）所提出的算法的局限性在于其算法只适用于两个参与方，并且没有给出贝叶斯网络学习的实验结果。Meng 等（2004）所提出的算法是假设贝叶斯网络结构已经存在，并且被每个参与方所知。这个算法主要被用来对已知网络的参数进行评价。

此外，目前许多基于隐私保护的数据挖掘算法都没有使用增量学习策略。所以，当新数据到来后，相应的算法必须要在整个数据集上被运行。整个数据集既包括以前的数据，又包括新数据。这样的方式使得算法在安全性、执行时间和内存分配方面均存在不足之处。考虑到目前已有的基于隐私保护的贝叶斯网络学习算法都不具有增量学习的功能，所以本章提出基于隐私保护的贝叶斯网络增量学习算法。该算法不仅适用于数据被水平分割的情况，而且适用于多个参与方存在的分布式环境。

# 10.2　贝叶斯网络和 K2 学习算法

贝叶斯网络又称信念网络，是一种图形化模型，能够图形化地表示一组变量或属性间的联合概率分布函数。一个贝叶斯网络包括一个结构模型和与之相关的一组条件概率分布函数。结构模型是一个有向无环图，其中的节点表示随机变量，有向边则表示变量间的概率依赖关系。对于图中的每个节点，都有一个给定其双亲节点情况下该节点的条件概率分布函数。这样，一个贝叶斯网络就可以用图形化的方式来表示如何将一系列相关节点的条件概率函数组合成一个整体的联合概率分布函数。贝叶斯网络学习就是根据给定的数据样本对贝叶斯网络的概率分布和结构进行修正（Chen et al.，2014）。

**定义 10.1**　（贝叶斯网络）贝叶斯网络是一个三元组（$V$，$G$，$N_p$）。其中，$V$ 是变量集合，$G$ 是有向无环图，$N_p$ 是概率分布的集合。$N_p$ 也被称为贝叶斯网络的参数，$N_p = \{p\ (x_i \mid \pi_i),\ x_i \in V\}$，其中 $\pi_i$ 是 $x_i$ 的双亲集合（An et al.，2000）。

在构造贝叶斯网络时经常会使用到的一种启发式 K2 算法（见表 10-1）。K2 算法从仅包含节点而无边的图开始，按照次序，对于每个节点，若边的增加能极大地增加节点的打分函数值，则添加该边。为了保证图形为有向无环图，要求输入节点有序。假设双亲节点数目的上界为 $\mu$，给定一个节点 $X_i$，$\mathrm{Pred}(X_i)$ 代表在节点排序中小于 $X_i$ 的所有节点。设有 $N$ 个变量，随机变量 $X_i(i = 1, \cdots, N)$ 属于 $U$，取值为 $x_i$，有 $r_i$ 个可能取值，$Set_{Xi} =$

$\{u_{i0},\ u_{i1},\ \cdots,\ u_{i(r_i-1)}\}$（其中 $r_i$ 是大于或等于 2 的整数）。给定节点 $i$ 的双亲节点变量集 $\prod X_i = \{X_j \mid j \in \Phi_{(i)}\}$，$\Phi_{(i)} \subset \{1,\ 2,\ \cdots,\ i-1\}$，取值为 $\prod X_i$，有 $q_i$ 个可能取值，$Set_{\prod x_i} = \{\pi_{i0},\ \pi_{i1},\ \cdots,\ \pi_{i(q_i-1)}\}$（其中 $q_i$ 是大于或等于 2 的整数）。

$\alpha_{ijk}$ 被定义为 $D$ 中变量 $X_i$ 取值为 $u_{ik}$，$\prod X_i$ 取值为 $\pi_{ij}$ 的记录条数。定义 $N_{ij} = \sum_{k=0}^{r_i-1} \alpha_{ijk}$。为了构建贝叶斯网络结构，所使用的打分函数 $f(i,\ \pi_i)$ 被定义为：

$$f(i,\ \pi_i) = \prod_{j=1}^{q_i} \frac{(r_i-1)!}{(N_{ij}+r_i-1)!} \prod_{k=1}^{r_i} \alpha_{ijk}!$$

表 10-1　K2 算法

1：输入：数据集合 $D$，由 $m$ 个节点按照一定的顺序排列后组成的集合，每个节点所能拥有的双亲的最大数目是 $u$。

2：输出：贝叶斯网络所对应的有向无环图。

3：for （$i=1$；$i++$；$i \leqslant m$）

4：{

5：$\pi_i = \phi$；

6：$Score_{old} = f(i,\ \pi_i)$；

7：OkToProceed = true；

8：while （OkToProceed $\neq$ false && $|\pi_i| < u$）{

9：$z = \mathrm{argmax}_{w \in \mathrm{Pred}(x_i) - \pi_i} f(i,\ \pi_i \cup \{w\})$；

10：$Score_{new} = f(i,\ \pi_i \cup \{z\})$；

11：if （$Score_{new} > Score_{old}$）{

12：$Score_{old} = Score_{new}$；

13：$\pi_i = \pi_i \cup \{z\}$；                }

14：else OkToProceed = false；

15：                                         }

16：}

在 K2 算法中，第 9~13 步的功能是：使用打分函数 $f(i,\ \pi_i)$ 分别计算出当前节点 $x_i$ 的候选双亲节点的打分值，然后对这些打分值进行比较，选择具有最高打分值的节点作为新双亲节点，并且将该节点添加到双亲集合 $\pi_i$ 中。因为 $Score$ 用来存放双亲集合 $\pi_i$ 中的打分值，所以当新双亲节点

被添加到 $\pi_i$ 之后,要更新 $Score$ 的值。在 K2 算法中,对于每个节点,若边的增加能极大地增加该节点的打分函数值,则添加该边。所以,使用打分函数 $f(i, \pi_i)$ 就可以依次为节点添加相应的边,从而逐步构造贝叶斯网络。

# 10.3　贝叶斯网络增量学习的策略

当新的训练数据到来后,传统的 K2 算法效率变低,原因是该算法必须在整个数据集合(包括旧数据和新数据)上重新构造贝叶斯网络。使用增量学习策略的贝叶斯网络学习算法不仅适用于新数据在不同时刻被添加进来的情况,而且可以提高算法的执行效率。

Friedman 等(1997)提出在贝叶斯网络结构中使用充分统计量的概念来抽取概率分布参数。

**定义 10.2**　(充分统计量)假设 $X$ 代表一个向量,$N_X^D(x)$ 是数据集合 $D$ 中满足 $X=x$ 的记录数目,针对 $X$ 的不同取值,向量 $\hat{N}_X^D(x)$ 含有 $N_X^D$ 的所有值,称 $\hat{N}_X^D(x)$ 为 $X$ 的充分统计量。

使用充分统计量概念后,只需要保存每个节点 $X_i$ 和该节点可能的双亲集合的充分统计量 $N_{X_i, Pa(X_i)}^D$,就可以学习到贝叶斯网络参数,并且可以计算出每个节点和该节点双亲的打分函数,从而建造出贝叶斯网络结构。其中 $Pa(X_i)$ 是 $X_i$ 的可能双亲集合。

针对充分统计量的计算问题,Cooper 等(1992)提出了充分统计量的基数。

**定义 10.3**　(充分统计量的基数)设 $M$ 表示一个节点所具有的最大双亲数目,$r$ 表示节点的数目,$A$ 表示一个节点可能具有的所有值的数目。对于贝叶斯网络结构 $G$,其充分统计量的基数记为 $|SS(G)|$,并且充分统计量的基数的计算公式如下:

$$|SS(G)| = r \sum_{i=0}^{M} \binom{r}{i} A^i$$

Cooper 等(1992)还提出另外一种适用于贝叶斯网络的增量学习方

法。该方法不是保存每个节点的双亲集合，而是保存每个节点的候选双亲链表集合。比如，某个节点的第 $k$ 个链表中按照逆序排列的节点都是作为刚才那个节点的第 $k$ 个候选双亲集，并且按照逆序排列的节点中的第一个节点就是这个节点现有的第 $k$ 个双亲。每个链表中候选双亲的数目作为此算法的参数。每个当前的双亲要和链表中其他候选双亲进行比较，从而保证当前的双亲仍然是链表中候选双亲中得分最高的。

# 10.4 安全多方计算子协议的设计

本节使用已有的加密技术，设计出一些基于隐私保护的安全计算子协议，然后使用组合理论，对这些子协议进行整合，从而设计出基于隐私保护的贝叶斯网络增量学习算法。

（1）安全多方加协议。使用该协议，对私有输入值 $x_i$ 的求和运算被转化为私有输出值 $y_i$ 的乘积运算，即：$\sum_{i=1}^{n} x_i = \prod_{i=1}^{n} y_i$。

安全多方加协议的具体步骤可描述如下：

1）参与方 $P_n$ 选择 $n-1$ 个数字 $x_{n,1}$，$x_{n,2}$，$\cdots$，$x_{n,n-1}$，使得 $x_n = x_{n,1} + x_{n,2} + \cdots + x_{n,n-1}$。

2）每一个参与方 $P_i$、$1 \leqslant i \leqslant n-1$ 和 $P_n$ 在各自的输入值 $x_i$ 和 $x_{n,i}$ 上运行安全双方加协议，使得 $x_i + x_{n,i} = y_{i,n} \times y_n$。其中 $x_i \in P_i$、$x_{n,i} \in P_n$、$y_{i,n} \in P_i$、$y_n \in P_n$、$y_{i,n}$ 和 $y_n$ 是参与方 $P_i$ 和 $P_n$ 的输出值。

所以，可以得出：$x_1 + \cdots + x_n = (y_{1,n} \times y_n) + \cdots + (y_{n-1,n} \times y_n) = (y_{1,n} + \cdots + y_{n-1,n}) \times y_n$。

3）此时 $y_{1,n} + \cdots + y_{n-1,n}$ 是参与方 $P_1$，$P_2$，$\cdots$，$P_{n-1}$ 所具有的 $n-1$ 个元素的求和。所以协议将从步骤1重新开始执行。这个循环将被反复执行直到最终剩下两个参与方 $P_1$ 和 $P_2$ 的求和计算，循环结束。此时参与方 $P_1$ 和参与方 $P_2$ 就可以使用安全双方加运算协议。

（2）安全多方乘积协议。使用该协议，私有输入值 $x_i$ 的乘积运算被转化为私有输出值 $y_i$ 的求和运算，即：$\prod_{i=1}^{n} x_i = \sum_{i=1}^{n} y_i$。

在协议中，每个参与方 $P_i$ 会使用到同态加密算法 $E_i$，并且具有公钥 $e_i$ 和私钥 $d_i$。安全多方乘积协议的具体步骤可描述如下：

1）参与方 $P_1$ 使用同态加密算法 $E_1$ 与参与方 $P_2$ 在各自的私有输入值 $x_1$ 和 $x_2$ 上运行安全双方乘积协议，使得：$x_1 \times x_2 = y_{1,1} + y_{2,1}$。

所以：$x_1 \times x_2 x_3 \times \cdots x_n = (y_{1,1} + y_{2,1}) \times x_3 \times \cdots \times x_n = (y_{1,1} \times x_3 \times \cdots \times x_n) + (y_{2,1} \times x_3 \times \cdots \times x_n)$。

2）$(y_{1,1} \times x_3 \times \cdots \times x_n)$ 和 $(y_{2,1} \times x_3 \times \cdots \times x_n)$ 都表示 $n-1$ 个元素的乘积。并且 $(y_{1,1} \times x_3 \times \cdots \times x_n)$ 作用在参与方 $P_1$，$P_3$，$\cdots$，$P_n$ 之间，$(y_{2,1} \times x_3 \times \cdots \times x_n)$ 作用在参与方 $P_2$，$P_3$，$\cdots$，$P_n$ 之间。上面的步骤会被反复执行，直到求和式子中的每一项都变成两个参与方的乘积形式才结束循环。此时可以在求和式子中的每一项上运行安全双方乘积协议。

# 10.5 新的贝叶斯网络增量学习算法

本节提出一种基于隐私保护的贝叶斯网络增量学习算法（PPIBNL）。该算法中会调用 K2 算法。K2 算法用贪婪搜索处理模型选择问题：先定义一种评价网络结构优劣的评分函数，再从一个网络开始，根据事先确定的最大父节点数目和节点次序，选择分值最高的节点作为该节点的父节点。K2 算法使用后验概率作为评分函数。PPIBNL 算法的描述见表 10-2：

表 10-2  PPIBNL 算法

| |
| --- |
| 1：输入： |
| $\{X_1, \cdots, X_m\}$ //$m$ 个节点按照一定顺序排列后组成的集合， |
| $N(W)$ //先前数据对应的充分统计量， |
| $W'$ //新数据集合， |
| $u$//每个节点所能拥有的双亲的最大数目， |
| $\{C_{i,1}, \cdots, C_{i,k}\}$ //先前的双亲候选链表集合。 |
| 2：输出：贝叶斯网络所对应的有向无环图。 |
| 3：计算 $N(W')$； |

4: $N(W) = N(W) \cup N(W')$;

5: for $(i=1; i++; i \leqslant m)$　　　　　　　{

6: $\pi_i' = \phi$;

7: $j = 1$;

8: Flag = true;

9: while (Flag $\neq$ false && $j < k$) {

10: $z$ = the first node in $C_{i,j}$;

11: if $z = \arg\max_{w \in C_{i,j}} f(X_i, \pi_i' \cup \{w\})$　　　{

12: $\pi_i' = \pi_i' \cup \{z\}$;

13: $j = j + 1$;　　　　　　　　　　　　　　}

14: else Flag = false;　　　　　　} //end while

15: if $(j < u)$

16: 调用 $K2$ 算法;　　　　　　　} // end for

# 10.6　安全性分析

下面将对基于隐私保护的贝叶斯网络增量学习算法（PPIBNL）的安全性进行分析。

首先将贝叶斯网络学习的输入数据分为以下三类：

公开数据（P）：任何参与方都可以访问公开数据，包括恶意者。

敏感数据（S）：敏感数据必须被保护，恶意者不能访问。

未知数据（U）：未知数据不同于敏感数据。一般情况下不允许恶意者访问未知数据，但是如果能保证恶意者无法使用该数据推测出敏感数据的话，可以允许恶意者访问未知数据。

设 $X = (P, U)^T$ 服从正态分布 $N(0, \sum)$，其中 $\sum = \begin{pmatrix} 1 & r \\ r & 1 \end{pmatrix}$，$r$ 表示 $P$ 和 $U$ 两者之间的关系，并且 $-1 < r < 1$。假设从正态分布 $N(0, \sum)$ 中得到 $n$ 个独立的样本 $(x_1, x_2, \cdots, x_n)$。使用贝叶斯网络学习模型 $M_0$，对公开数据 $p_i$ 和未知数据 $u_i$ 进行比较，可以得出的关于敏感数据 $s_i$ 的信息如下：

当 $p_i \geqslant u_i$ 时，$s_i = M_0(x_i) = 1$；

$p_i < u_i$ 时，$s_i = M_0(x_i) = 0$。

其中 $p_i$ 作为公开数据，可以被任何参与方访问。$u_i$ 作为未知数据，不能被恶意者访问，并且 $u_i$ 只能由第 $i$ 个参与方 $P_i$ 访问。$s_i$ 作为敏感数据，是需要被保护的。虽然恶意者知道 $X$ 服从正态分布 $N(0, \Sigma)$，但是恶意者不一定知道参数 $r$。

**定理 10.1**　本章所提出的 PPIBNL 算法可以避免各参与方输入数据中的隐私信息被泄露。

**证明**：要证明 PPIBNL 算法能够避免隐私信息被泄露，只需要证明在该算法中恶意者通过使用贝叶斯网络学习模型 $M_0$，无法推测出敏感数据 $s_i$。假设公开数据 $p_i$ 来自第 $i$ 个参与方，并且 $p_i$ 被恶意者获得。恶意者通过使用 $u_i$ 的边缘分布，推出 $(p_i, u_i)^T$ 的联合分布。恶意者通过使用 $(U \mid P)$ 的条件分布计算出 $\tilde{u}_i$，然后通过使用 $(p_i, \tilde{u}_i)^T$ 和学习模型 $M_0$ 对敏感数据 $s_i$ 进行推测，得出推测值 $\tilde{s}_i \triangleq M_0(p_i, \tilde{u}_i)$。

当恶意者不使用 PPIBNL 算法中的学习模型 $M_0$ 对敏感数据 $s_i$ 进行推测时，得出下列信息：

$$\Pr\{S = 1 \mid P = p\} = \Phi\left(\frac{1 - r}{\sqrt{1 - r^2}} p\right)$$

$p \geqslant 0$ 时，$\Pr\{S = 1 \mid P = p\} \geqslant 1/2$；

$p < 0$ 时，$\Pr\{S = 1 \mid P = p\} < 1/2$。

其中 $\Phi(\cdot)$ 是正态分布 $N(0, 1)$ 的累积分布函数。

所以，当 $p_i > 0$ 时，$s_i = 1$；$p_i \leqslant 0$ 时，$s_i = 0$。

当恶意者使用 PPIBNL 算法中的学习模型 $M_0$ 对敏感数据 $s_i$ 进行推测时，可以得出下列信息：

$\Pr\{U \leqslant P \mid P = p_i\} > 1/2$ 时，$s_i = 1$；

$\Pr\{U \leqslant P \mid P = p_i\} \leqslant 1/2$ 时，$s_i = 0$。

观察上面的推导结果，得知在两种情况下，恶意者对敏感数据 $s_i$ 的推测结果是相同的，即 $\Phi\left(\frac{1 - r}{\sqrt{1 - r^2}} p_i\right) = \Pr\{U \leqslant P \mid P = p_i\}$。这说明恶意者即便使用学习模型 $M_0$，也无法获得关于敏感数据 $s_i$ 的额外信息。这也证明了恶意者无法通过学习模型 $M_0$ 推测出敏感数据 $s_i$ 的值。因此，PPIBNL 算法可以避免各参与方输入数据中的隐私信息被泄露。得证。

**定义 10.4** （$\varepsilon$ 差分隐私）对于一个算法 PPDM，如果对于任何隐私数据 $PD$，都能够找出一个 $\varepsilon$，使其满足 $|\Pr(PD\,|\,\mathrm{PPDM})-\Pr(PD)\,|\leqslant\varepsilon$，则此算法满足 $\varepsilon$ 差分隐私（Zhan，2008）。

$PD$：表示隐私数据。

$PPDM$：表示基于隐私保护的算法。

$PD_{Pi}$：表示 $P_i$ 的隐私数据。

$EXT_{Pi}$：表示 $P_i$ 通过算法能够获得的额外信息。

$GAIN_{Pi}$：表示 $P_i$ 通过使用算法可以访问另一参与方的隐私数据的优势。

$GAIN_{SEC}$：表示 $P_i$ 通过使用算法并阅读语义上的密文可以访问另一参与方的隐私数据的优势，这种优势在所使用的同态加密系统中可以忽略不计。

$\Pr(PD)$：在不使用任何基于隐私保护算法的情况下，隐私数据 $PD$ 被泄露的概率。

$\Pr(PD\,|\,\mathrm{PPDM})$：在使用基于隐私保护的算法 PPDM 后，隐私数据 $PD$ 被泄露的概率。

$|\Pr(PD\,|\,\mathrm{PPDM})-\Pr(PD)\,|$：在使用隐私保护算法和不使用隐私保护算法的情况下，隐私数据 $PD$ 被泄露的概率值的差。

$\varepsilon$：隐私保护度，$\varepsilon$ 的值越小说明隐私保护程度越高。

**定理 10.2** PPIBNL 算法满足 $\varepsilon$ 差分隐私。

**证明**：根据定义 10.4，要证明算法 PPIBNL 满足 $\varepsilon$ 差分隐私，只需要找出 $\varepsilon$，使其满足 $|\Pr(PD\,|\,\mathrm{PPIBNL})-\Pr(PD)\,|\leqslant\varepsilon$。

因为每个参与方 $P_j$ 通过使用该算法可以访问另一参与方的隐私数据的优势，可以表示为：

$$GAIN_{Pj}=\Pr(PD_{Pk}\,|\,EXT_{Pj},\ \mathrm{PPIBNL})-\Pr(PD_{Pk}\,|\,EXT_{Pj})\quad(j\neq i)$$

当 $1\leqslant j\leqslant n$，$j\neq i$ 时，每个参与方 $P_j$ 使用其随机生成向量只和参与方 $P_i$ 运行安全点积协议，并且参与方 $P_j$ 使用其私有输出值和其他参与方运行安全多方加协议，因此可以认为：

$$GAIN_{Pj}=GAIN_{SEC}\quad(j\neq i)$$

因为 $GAIN_{SEC}$ 表示 $P_j$ 通过使用算法并阅读语义上的密文可以访问另一参与方的隐私数据的优势，这种优势在所使用的同态加密系统中可以忽略不计。因此，$GAIN_{Pj}$ 是可忽略不计的。

参与方 $P_i$ 通过对接收到的其他参与方的信息进行解密，并且对其他参与方的私有输出值的符号进行解密后，只会知道最终权向量中自己那一部分的私有值，而这一部分值实际上就是 $P_i$ 的最终输出值。$P_i$ 无法通过算法获得额外的信息，也就无法预测其他参与方的私有数据。所以，可以认为：

$$\varepsilon = \max(GAIN_{Pi},\ GAIN_{Pj}) = GAIN_{Pi}$$

因此，对于每一个 $k,\ j \in \{1,\ \cdots,\ n\}$，$k \neq j$，得出：

$$\Pr(PD_{Pk} \mid EXT_{Pj},\ \text{PPIBNL}) - \Pr(PD_{Pk} \mid EXT_{Pj}) \leqslant GAIN_{Pi} = \varepsilon$$

所以最终可以找到一个 $\varepsilon = GAIN_{Pi}$，使得 $|\Pr(PD \mid \text{PPIBNL}) - \Pr(PD)| \leqslant \varepsilon$ 成立，即 PPIBNL 算法满足 $\varepsilon$ 差分隐私的性质。得证。

## 10.7　实验评价与分析

本节通过实验来比较和分析基于隐私保护的贝叶斯网络增量学习算法和非增量学习算法在性能上的差别。在实验中，实验数据集合被多个参与方安全地共享。实验中用于加密的密钥长度分别被设置为 1024 bit 和 2048 bit。整个实验由 Java 语言编程实现，其中 Java 中的 Remote Method Invocation（RMI）技术被用来实现数据传输和不同参与方之间的通信。实验所使用的电脑配置如下：CPU 是 Intel Core i5，2.13GHz，内存是 16G，硬盘是 32T，操作系统是 Windows 10 Professional。

该实验使用 Adult 模型，又叫作统计收入数据集模型。该模型被用来预测某个成员 1 年的收入是否超出 5 万美元。Adult 模型具有 14 个属性和 48842 个样本。在这个实验中，通过改变实验节点的数目、密钥的长度以及增量方法中的 S 值（候选双亲链表中所含成员数目），来比较增量学习算法和非增量学习算法在执行时间和隐私泄露度上的差别。

通过观察图 10-1 中的实验结果，可以发现当加密密钥长度和参与方数目不变时，以及节点数目小于 13 时，基于隐私保护的贝叶斯网络增量学习算法 PPIBNL 所需的执行时间要大于非增量学习算法。这是因为当计算节点数目较少时，算法 PPIBNL 在隐私保护子算法中消耗的时间较明显。

而当节点数目大于 13 后，增量学习算法 PPIBNL 所需的执行时间要小于非增量学习算法。图 10-1 的实验结果表明当实验节点数目较多时，增量学习算法在执行时间上的优越性会起作用。

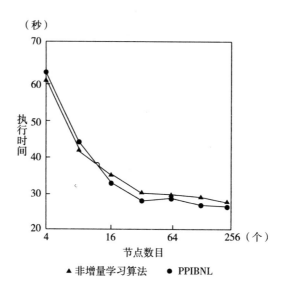

图 10-1　PPIBNL 和非增量学习算法的执行时间的比较

观察图 10-2 中的实验结果，可以发现当加密密钥长度和参与方数目不变时，随着计算节点数目的增多，两种算法的平均隐私泄露度都逐渐减少。在节点数目从 4 增加到 16 的过程中，非增量学习算法的平均隐私泄露度减少的趋势更快。当计算节点数目大于 200 之后，两种算法的平均隐私泄露度都将趋于一个稳定值。如图 10-2 所示，在整个实验过程中，PPIBNL 算法的平均隐私泄露度始终要小于非增量学习算法的，说明 PPIBNL 算法可以更好地保证在贝叶斯网络学习过程中隐私信息不被泄露。

分别改变 PPIBNL 算法中参数 S 的值，分析平均隐私泄露度的变化情况。如图 10-3 所示，当节点数目小于 64 时，参数 S 的值越大，平均隐私泄露度越小。因为参数 S 值越大，表明每个链表中所含的元素数目越多，从而降低了不同数据集间的互访问次数，进而降低平均隐私泄露度。当节点数目大于 64 时，改变参数 S 的取值，对算法 PPIBNL 平均隐私泄露度变化的影响将逐渐变小。当节点数目大于 256 时，无论参数 S 的值如何变化，算法 PPIBNL 的平均隐私泄露度都将趋于同一个最小值。

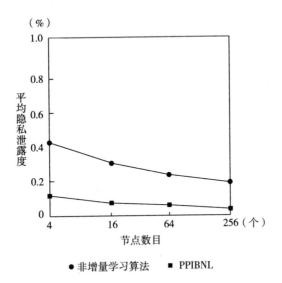

**图 10-2 PPIBNL 和非增量学习算法在平均隐私泄露度上的比较**

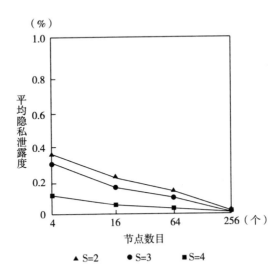

**图 10-3 平均隐私泄露度随参数 S 值的变化情况**

# 10.8 小结

在对贝叶斯网络学习算法的研究中，一方面需要考虑数据的隐私信息不被泄露；另一方面在现实世界应用中，数据可能是逐步到达贝叶斯网络的，因此传统的贝叶斯网络学习算法就不能被有效地应用。为了解决该问题，可以使用增量学习策略。因为，目前已有的基于隐私保护的贝叶斯网络学习算法都没有结合增量学习的策略。所以，本章提出一种基于隐私保护的贝叶斯网络增量学习算法。然后对所提出算法的安全性进行分析，并且在实验部分表明基于隐私保护的贝叶斯网络增量学习算法的性能优于非增量学习算法。

# 11 金融大数据环境下基于隐私保护的频繁模式挖掘算法

随着分布式计算技术的发展，越来越多的海量异构数据采用分布式存储的方式。这些数据中可能包含着用户的个人隐私信息。在对这些数据进行分析和挖掘时，如何既能有效保护私有数据以及敏感信息不被泄露，又能保证挖掘出准确的规则和模式，成为分布式计算安全领域的一个重要研究方向。

## 11.1 引言

近年来，随着网络技术的发展，计算能力以及存储能力日益提高，数据规模的增长非常迅速。这些数据大部分都按地理位置分布于多个场所。为了挖掘如此巨大且分布式排列的数据集，越来越多的分布式算法被研究出来。然而，在双方或多方合作进行数据挖掘时，由于某种原因，参与者往往只愿意共享数据挖掘的结果而非数据。这就需要将隐私保护技术加入数据挖掘过程中，使挖掘过程无法泄露用户的隐私信息。

分布式计算是指在一个松散或严格约束条件下使用一个硬件和软件系统处理任务，这个系统包含多个处理器单元或存储单元，多个并发过程，多个程序。一个程序被分成多个部分同时在通过网络连接起来的计算机上运行。分布式计算类似于并行计算，但并行计算通常指一个程序的多个部分同时运行于某台计算机多个处理器上。所以，分布式计算通常必须处理异构环境、多样化的网络连接、不可预知的网络或计算机错误。分布式数据挖掘（Distributed Data Mining，DDM）就是使用分布式计算技术从分布式数据库中发现知识的过程。随着数据库和计算机网络技术的广泛应用，绝大部分大型数据库都是以分布式的形式存在。因此，分布式数据挖掘不仅是数据挖掘的一个主要研究方向，而且是具有广阔应用前景的研究领域。

随着网络、存储和处理器等技术的飞速发展，数据库的存放趋于分布式。为了适应分布式数据挖掘对数据安全性和隐私性的要求，基于隐私保护的分布式数据挖掘正成为新的研究方向（Cho et al.，2005）。分布式环境下如何既能不共享精确数据，又能获取准确的数据关系就成为基于隐私保护的数据挖掘的首要任务。

在分布式环境中，数据库被分布式存放在多个节点上，每个节点都有自己的数据集合。如何对多个节点的数据集合进行数据挖掘，并且在挖掘的过程中保证数据的隐私信息不被泄露是一个值得关注的问题。然而，目前关于分布式环境下基于隐私保护的数据挖掘的研究还是相对较少。

数据挖掘的目的是从数据库中找出被隐藏的有用的信息。从事务数据库中挖掘出频繁模式是数据挖掘领域的一个重要内容。因为频繁模式在产生关联规则的过程中起着重要的作用。频繁模式挖掘算法可以分为两类：Apriori-like 和 FP-tree（Bordon，2003；Cho et al.，2005）。目前，研究主要聚焦在 FP-tree。因为 FP-tree 可以减少扫描数据库的次数，具有比 Apriori-like 算法更高的效率。但是，即便如此，当数据库规模变大时，执行时间也会变得更长。挖掘大型事务数据库时所面临的困难促使人们研究并行和分布式算法来解决问题。目前并行和分布式算法的主要思想是分割数据库，然后把分割后的各个部分分配给各个节点。在挖掘的过程中，各个节点将会交换彼此所需要的事务。虽然研究人员在上述方面已经提出了很多算法，但是频繁模式挖掘的执行效率仍然是一个难题。另外，除了数据交换的负担，数据的隐私保护也是值得关注的问题。在并行分布式环境下，把数据库复制到每个节点后，就需要考虑隐私数据的泄露问题。目前已有的并行频繁模式挖掘算法都没有考虑频繁模式挖掘过程中的隐私保护问题。

CFPM 算法可以有效地使用分布式节点对规模较大的数据集合进行频繁模式挖掘，从而解决数据集合规模很大时，普通频繁模式挖掘算法效率低的问题。该算法由 GCFPM 算法和 FCFPM 算法组成。GCFPM 算法的功能是使用计算节点来完成一个复杂的频繁模式挖掘工作。而 FCFPM 算法的功能是在分布式环境下快速找出频繁模式。CFPM 算法首先使用 FCFPM

算法来快速寻找频繁模式。因为 FCFPM 算法比 GCFPM 算法占据更多的内存，所以当 FCFPM 不能挖掘某大型数据库时，CFPM 算法就会使用 GCF-PM 算法来完成挖掘任务。此外，CFPM 算法还可以保证被挖掘数据中的隐私信息不被泄露。

# 11.2　相关概念

本节首先介绍关联规则挖掘和频繁模式挖掘的基本概念，然后介绍一种重要的基于 FP-tree 的频繁模式挖掘算法。

## 11.2.1　关联规则挖掘的相关概念

**定义 11.1**　（项集）设 $I = \{i_1, i_2, \cdots, i_m\}$ 是包含 $m$ 个不同项的集合。对于给定事务数据库 $DB$ 中的 $X$，如果 $X \subseteq I$，则称 $X$ 为模式或项集。项集中所包含的项的个数称为项集的维数或长度。如果 $X$ 包含 $k$ 个项，即 $|X| = k$，则称 $X$ 为 $k$-项集，$X$ 的维数或长度为 $k$。频繁 1-项集简称频繁项。

**定义 11.2**　（项集的支持数）$X$ 在 $DB$ 中的支持数是指 $DB$ 中包含的 $X$ 的事务数，记为 $X.count$。

**定义 11.3**　（项集的支持度）$X$ 在 $DB$ 中的支持度是指 $DB$ 中包含 $X$ 事务的百分比，记为 $X.\sup = X.count / |DB|$。通常用 minsup 表示最小支持度阈值。

**定义 11.4**　（频繁项集）设 minsup 表示最小支持度阈值，$0 \leqslant \text{minsup} \leqslant 1$，如果 $X$ 的支持度不小于用户给定的最小支持度阈值 minsup，即 $X.\sup \geqslant \text{minsup}$，则称 $X$ 为 $DB$ 中的频繁项集。

**定义 11.5**　（频繁项集的集合）满足 $X.\sup \geqslant \text{minsup}$ 的所有 $X$ 组成的集合称为频繁项集的集合，记为 $F(DB, \text{minsup})$，并且满足 $F(DB, \text{minsup}) = \{X \mid X \subseteq I \land X.\sup \geqslant \text{minsup}\}$。

**定义 11.6**　（频繁 $k$ 项集的集合）如果对于所有 $|X| = k$，则称所有

$X$ 组成的集合为频繁 $k$ 项集的集合，记为 $F_k$（$DB$，minsup），并且满足 $F_k$（$DB$，minsup）$= \{X \mid X \subseteq I \wedge |X| = k \wedge X.\sup \geqslant \text{minsup}\}$。

**定义 11.7** （频繁项集挖掘）对于给定事务数据库 $DB$ 和最小支持度阈值 minsup，频繁项集挖掘就是计算频繁项集的集合 $F$（$DB$，minsup）。

**定义 11.8** （关联规则）关联规则是形如 $X \Rightarrow Y$ 的蕴含式，其中 $X \subset I$，$Y \subset I$，并且 $X \cap Y = \Phi$。

**定义 11.9** （关联规则的支持度）关联规则 $X \Rightarrow Y$ 的支持度为 $DB$ 中包含 $X \cup Y$ 的百分比，是概率 $P(X \cup Y)$，即 $\text{support}(X \Rightarrow Y) = P(X \cup Y)$。

**定义 11.10** （关联规则的置信度）关联规则 $X \Rightarrow Y$ 的置信度为 $DB$ 中包含 $X$ 的事务同时也包含 $Y$ 的百分比，是条件概率 $P(Y/X)$，即 confidence $(X \Rightarrow Y) = P(Y/X)$。通常用 minconf 表示最小置信度阈值。

**定义 11.11** （强关联规则）同时满足最小支持度阈值和最小置信度阈值的规则（$X \Rightarrow Y$）称为强关联规则 $R$。即 $R(DB，\text{minsup}，\text{minconf}) = \{X \Rightarrow Y \mid X，Y \subset I \wedge \text{support}(X \Rightarrow Y) \geqslant \text{minsup} \wedge \text{confidence}(X \Rightarrow Y) \geqslant \text{minconf}\}$。

**定义 11.12** （关联规则挖掘）给定事务数据库 $DB$，以及最小支持度阈值 minsup 和最小置信度阈值 minconf，关联规则挖掘就是计算 $R$（$DB$，minsup，minconf）。

对于关联规则的挖掘过程可分为两步：第一步是找出所有频繁模式，即计算 $F$（$DB$，minsup）；第二步是由频繁模式产生强关联规则，即计算 $R$（$DB$，minsup，minconf）。在这两步操作中，因为第二步较容易实现，所以挖掘关联规则的总体性能主要由第一步决定。

### 11.2.2 基于 FP-tree 的频繁模式挖掘算法

Jiawei Han 等于 2000 年提出一种新的基于 FP-tree 的频繁模式挖掘算法，即 FP-growth（Frequent Pattern Growth）算法。FP-growth 算法使用的策略是分而治之。首先，在第一次扫描数据库后，就把数据库压缩到一棵频繁模式树（FP-tree）中，同时保留其中项集的关联信息。其次，将频繁模式树分成一些条件数据库，每个条件数据库和一个频繁项集相关联。最后，分别对这些条件数据库进行挖掘。那些在条件数据库中被挖掘出的频繁项集，就构成了最终的频繁项集。

FP-growth 算法的详细描述如表 11-1 所示。

**表 11-1 FP-growth 算法**

---

1：输入：FP-tree，事务数据库 D，最小支持度 minsup。

2：输出：D 中包含的在 minsup 下的所有频繁项集

3：Procdure FP-growth（Tree，α）

4：{

5：if Tree contains a single path P

6：then for each combination（denoted as β）of the nodes in the path P do

7：generate pattern β U α with support=minimum support of nodes in β；

8：else for each $a_i$ in the header of Tree do {

9：generate pattern β=$a_i$ U α with support=$a_i$. support；

10：construct β's conditional pattern base and then β's conditional FP-tree tree$_β$；

11：If（tree$_β$≠0）

12：call FP-growth（Tree$_β$，β）；

13：}

---

　　使用 FP-growth 算法挖掘频繁模式可以分为两步：第一步，将原始数据集压缩到一棵频繁模式树（FP-tree）中。FP-tree 的每个节点对应一个频繁项，频繁项包含 4 个域：节点名称、节点计数、兄弟节点链和父节点指针。FP-tree 中每一条从根节点到叶子节点的路径表示一个项集（模式）。为了方便树的遍历，将第一遍扫描数据集所生成的频繁 1-模式按照支持度从大到小的顺序进行排列，从而形成 FP-tree 的项头表。项头表由项目名称和节点链头这两个域构成，其中节点链头指向 FP-tree 中与其名称相同的第一个节点。第二遍扫描数据集时，将每个事务的频繁项集按照频繁 1-模式的顺序排列，并且依次插入到 FP-tree 中。第二步，调用 FP-growth 算法。当 FP-tree 只包含一条路径时，可以将路径的各个节点任意组合，然后逐个与根节点合并，产生一个频繁模式。当 FP-tree 包含多条路径时，就从项头表开始，按照倒序的顺序依次处理各个项，处理的步骤如下：建立子 FP-tree，如果子 FP-tree 非空，则递归调用 FP-growth。与 Apriori 算法相比，FP-growth 算法的最大优点是只需要扫描原始数据库两次，不需要生成众多的频繁候选模式，从而大大地降低了搜索开销。

# 11.3  一种新的适用于频繁模式挖掘的
# 分布式框架

在分布式环境下，对大量分布式数据进行数据挖掘时，如何保护数据的隐私信息不被泄露是一个重要的问题。本节从系统框架设计和算法设计两个方面来解决这个问题。

在系统框架设计方面，本节提出一种新的适用于频繁模式挖掘的分布式框架。在所设计的框架下，不是每个节点都可以访问数据库。只有一个节点因为具有高度可信赖性，才被允许访问数据库，并且该节点被称为可信节点（Trusted Node）。一个分布式框架可能含有多个子网络，但是一个分布式框架只能拥有一个可信节点。拥有可信节点的那个子网络被称为核心子网络，分布式框架内的其他节点被称为计算节点。

在分布式环境下，需要考虑网络潜伏期（Network Latency）的问题。因为互联网（Internet）的潜伏期总是要大于内部局域网（Intranet）的潜伏期。在本节所设计的分布式框架中，考虑到各个子网络之间数据传输的效率，所以设计每个子网络中只能有一个节点能够和其他子网络进行数据传输，并且将该节点命名为 ConnectNode。如果一个节点 N 想从可信节点那里获得数据，那么节点 N 将首先和其所在的那个子网络中的 Connect-Node 进行通信，判断这个 ConnectNode 是否有节点 N 所需要的数据。如果这个子网络中的 ConnectNode 有节点 N 所需要的数据，则可以在内部局域网内将 ConnectNode 的数据复制给节点 N。否则的话，则需要首先在互联网内将可信节点中的数据复制给节点 N 所在的子网络中的 ConnectNode，然后再在内部局域网内将 ConnectNode 的数据复制给节点 N。通过设计这种数据传输策略，网络潜伏期将会大大地减少，从而提高网络传输效率。

在本节所设计的分布式框架中，每个 ConnectNode 所在的子网络中的其他节点的状态信息会被记录在一个表内，并且这个表只能由该 Connect-Node 来维护。被记录的每个节点的状态信息包括该节点的 ID、计算能力、是否可用等。最终所有记录状态信息的表被收集起来存放在可信节点。因此，可信节点就具有整个分布式框架内所有可用节点计算能力的信息。为了确保节点状态表中的记录无误，这些节点状态表需要被周期性地更新。

# 11.4　分布式环境下基于隐私保护的频繁模式挖掘算法

本章提出了一种适用于分布式环境下的既可以完成频繁模式挖掘又可以实现隐私保护的 CFPM 算法。该算法由 GCFPM 算法和 FCFPM 算法组成。

CFPM 算法的一个优点就是可以保护数据的隐私信息。CFPM 算法不同于并行的 Apriori-like 算法，因为 Apriori-like 算法需要把整个数据库复制到远处的多个节点上，这会导致隐私信息的泄露。提出 CFPM 算法也不同于 BTP-tree 算法，因为 BTP-tree 算法需要把整个数据库进行分割，然后把分割后的数据库分给多个节点进行运算，这也会导致隐私信息的泄露（Zhou，2008）。在 CFPM 算法中，整个数据挖掘过程中计算节点都不需要访问数据库，也不需要把数据库分割给各个计算节点。在整个挖掘过程中，只有可信节点能够访问数据库，把压缩的 FP-tree 分配给计算节点，从而使 CFPM 算法满足隐私保护的需要。

CFPM 算法是基于 FP-tree 的。FP-tree 是一种数据结构，采用压缩的方式来存储频繁项集。因为支持度小于支持度阈值的项集会被过滤掉，而过滤后的事务才能被用来构造 FP-tree，所以利用 FP-tree 恢复任何用户的完整交易过程是不可能的。例如，给出一个事务数据库如表 11-2 所示，并且设置支持度阈值是 2，则该事务数据库所对应的 FP-tree 如图 11-1 所示。观察图 11-1 可以发现原始的交易信息被破坏。在 CFPM 算法中，每一个计算节点被分配给一个压缩的 FP-tree，然后该计算节点将使用压缩的 FP-tree 来进行频繁模式挖掘。在 FP-tree 中，不但那些支持度小于阈值的项集会被过滤掉，而且那些交易的标识符也会被过滤掉，这就使原始的交易和原始的数据库变得不能被恢复。此外，因为 FP-tree 这种数据结构中使用到链表，CFPM 算法将会再次压缩 FP-tree，以便减少数据传输的时间。所以，即使恶意者获得 FP-tree，也很难将 FP-tree 恢复成原始的交易或原始的数据库，从而使得 CFPM 算法满足隐私保护的需要。

表 11-2 事务数据库

| 事务标识符 | 过滤之前 | 过滤之后 |
|---|---|---|
| 001 | A, B, C, D, E, F | E, D, C, B, A |
| 002 | B, C, E, G | E, C, B |
| 003 | E, D | E, D |
| 004 | A, C, D | D, C, A |
| 005 | B, C, E, X | E, C, B |
| 006 | D, U | D |
| 007 | E, D, J | E, D |

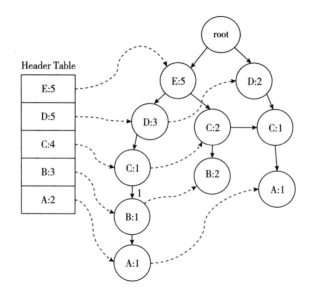

图 11-1 存放压缩的频繁模式信息的 FP-tree

## 11.4.1 CFPM 算法

关联规则是数据挖掘中最早被研究的问题，也是最基本、最重要的问题。挖掘关联规则的关键步骤是发现频繁模式，因为频繁模式挖掘是关联规则挖掘的核心和基础，是影响挖掘效率的关键因素。在频繁模式挖掘中所面临的问题是：频繁模式数目较大时，往往需要较长的执行时间，导致执行效率较低。为了解决上述问题，研究人员提出了 FP-growth 算法。该算法使用额外的内存来存储被压缩的事务，因此它只需要扫描事务数据库两次，然后 FP-growth 算法将会采用递归的方式来重构 FP-tree，从而实现快速挖掘频繁模式。

虽然 FP-growth 算法可以快速挖掘频繁模式，但是递归重构 FP-tree 将会占用大量的内存。例如，表 11-2 列出某个数据库中的事务项，和这个数据库相对应的 FP-tree，如表 11-1 所示。针对条件模式基 C，所对应的重构 FP-tree 如图 11-2 所示。因为整个数据库所对应的 FP-tree 占据 11 个树节点（见图 11-1），而条件模式基 C 重构的 FP-tree 占据 4 个树节点。那么被占据的内存总大小是 15 个树节点，这表明基于递归重构 FP-tree 的算法的瓶颈就是可用内存的大小。为了解决递归重构 FP-tree 将会占用大量内存的问题提出了 CFPM 算法，该算法的详细描述如表 11-3 所示。

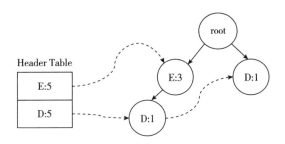

**图 11-2　条件模式基 C 所对应的条件 FP-tree**

**表 11-3　CFPM 算法**

---

1：输入：事务数据库 DB，最小支持度阈值 $\theta$

2：输出：完整的频繁模式集合 FP

3：DBI ← getDBInstance（DB）；

4：TN ← getTrustedNode（）；

5：C ← getArchitecture（）；

6：N ← getAvailableNodes；

7：FP ← FCFPM（DB，$\theta$，TN，N，C）；

8：if FCFPM fail

9：FP ← GCFPM（DB，$\theta$，TN，N）；

10：return FP；

---

CFPM 算法的输入参数是事务数据库和支持度阈值。此算法的前四行所完成的功能分别是数据库训练集、可信节点、分布式网络框架和可利用节点的获得。为了执行一个挖掘任务，CFPM 算法首先使用 FCFPM 算法来快速寻找频繁模式。因为 FCFPM 算法比 GCFPM 算法需要占据更多的内存，所以当 FCFPM 不能挖掘某大型数据库时，就会使用 GCFPM。CFPM 算法结束时将会返回频繁模式挖掘的最终结果。在 CFPM 算法中，执行效率是首先要被考虑的。所以，CFPM 算法优先使用 FCFPM 算法，当 FCF-PM 算法失效时，CFPM 算法才会再去使用 GCFPM 算法来完成挖掘任务。

## 11.4.2 GCFPM 算法

为了能够对规模较大的数据库进行频繁模式挖掘，提出了 GCFPM 算法。该算法能够在其他分布式节点上重构条件模式树（如果其他分布式节点具有足够内存的话）。虽然该算法可能需要更长的执行时间，但是可以使用分布式节点来挖掘具有大量频繁模式的数据集合。GCFPM 算法的详细描述（见表 11-4）。

**表 11-4　GCFPM 算法**

---

1：输入：事务数据库 DB，最小支持度阈值 $\theta$，可信节点 TN，节点集合 N

2：输出：完整的频繁模式集合 FP

3：TN. FPT ← constructFPTree（DB，$\theta$）；//可信节点 TN 扫描数据库 DB 两次，从而构造相应的 FP-tree

4：HT ← getHT（TN. FPT）；//获得 FPT 的项头表

5：for（i=1；i++；i ≤ | HT | ) 　　{

6：n ← selectAvailableNode（N）；//选择一个空闲节点

7：n. idle ← FALSE；

8：n. $fpt_i$ ← constructConditionalFPTree（HT（i），n）；//构造节点 n 的项头表中第 i 个元素的条件 FP-tree

9：$fp_i$ ← n. FP-growth（$fpt_i$，$\theta$）；//从 $fpt_i$ 中挖掘频繁模式

10：FP ← FP ∪ $fp_i$；

11：n. idle ← TRUE；

12：　　　　　　　　　　}

13：return FP；

---

GCFPM 算法工作如下：可信节点 TN 使用 FP-tree 构造算法扫描数据库两次，从而构造出相应的 FP-tree，并且把生成的 FP-tree 存储在 TN 中。GCFPM 算法的主要目的是找出大量的频繁模式。基于 FP-tree 的频繁模式挖掘通常面临的困难是：FP-tree 很大，因此由一个单独节点所提供的内存并不能满足构造条件 FP-tree 过程中的内存需要。解决这个困难的一种方法就是使用基于 FP-tree 的并行挖掘方法，把条件 FP-tree 分发到多个可用节点上。对于项头表 HT 中的每个项，选择一个空闲节点 n，并且在这个节点上构造相应的条件 FP-tree。为了减少传输费用，条件 FP-tree 也需要被压缩。

被选中的空闲节点 n 对分配给该节点的条件 FP-tree 进行解压，再从解压后的 FP-tree 中挖掘频繁模式。被选中的节点 n 被设置成非空闲，这样可避免此节点同时接收其他挖掘任务。因为 FP-tree 通常较大，且内存和计算能力有限，一个节点被假定一次只能处理一个任务。一旦挖掘工作结束，这个节点将被设置成空闲，等待新的挖掘任务。当项头表中的所有元素被处理完之后，频繁模式挖掘的最终结果将会被返回。

在分布式环境中，降低数据的传输量，可以提高执行效率。虽然 FP-tree 已经是压缩过的数据。但是在支持度较小的情况下，整个 FP-tree 所包含的数据可能会大于整个原始数据库。所以需要对 FP-tree 进行再次压缩后才能传输。对数据进行压缩需要花费额外的时间，如果每次需要传输的数据都被压缩，那么传输时间加上额外的压缩时间，并不比直接传输该数据节省时间。因为 GCFPM 算法所传输的数据皆是同样的 FP-tree，所以只需要压缩一次，就可以把 FP-tree 传输到各个节点上。因此 GCFPM 算法的思想是花费一次压缩时间，节省之后数次的网络传输时间，从而使得总的执行时间少于直接传输的时间。

## 11.4.3　FCFPM 算法

FCFPM 算法的目的是实现快速挖掘频繁模式。为了提高频繁模式挖掘的执行效率，Zhou（2008）提出了一种并行分布式挖掘算法 BTP-tree。在BTP-tree 算法中，数据库被平均分割成多个部分，并且被分配给多个节点，然后每个节点从其他节点获得所需要的数据，从而完成挖掘任务。很明显，这种方法不但会把各个节点数据的隐私信息泄露给其他节点，而且会在网络上产生大量的数据传输。因此，这种方法不但没有考虑数据的隐私保护，而且执行效率也较低。

为了提高频繁模式挖掘的执行效率，同时保证各节点数据集的隐私信息不被泄露，本节提出了 FCFPM 算法。该算法通过减少数据传输的数量来节省执行时间，另外在该算法中，各个节点不需要互相传递数据。根据数据集合被建造的 FP-tree 会分发给每个可用节点，然后这些可用节点使用其数据重构条件模式树，这样就避免了某些节点的数据泄露给其他节点，从而保证数据的隐私信息不被泄露。FCFPM 算法的详细描述如表 11-5 所示。该算法的执行过程如下：首先，可信节点 TN 使用 FP-tree 构造算法扫描数据库两次，从而构造相应的 FP-tree，并且把生成的 FP-tree 存储在 TN 中。其次，获得项头表 HT，并且把项头表 HT 分割成 N 个不同的集合，并将这 N 个不同的集合储存在 IS 中。因为频繁模式不能被事先预测，所以项头表 HT 被任意分割的目的是平衡每个节点的计算量。考虑到执行效率，FCFPM 算法挖掘任务的分布不同于 GCFPM 算法。FCFPM 算法要解决的最重要的问题就是如何减少数据传输的数量。为了减少数据传输的数量，被构造在 TN 上的 FP-tree 将被复制给每个空闲节点，从而实现快速挖掘频繁模式。本章所提出的分布式框架内，每个子网络中，只有 Connect-Node 负责数据复制，所以每次只能把 ConnectNode 中的 FP-tree 复制给空闲节点。

### 表 11-5  FCFPM 算法

1：输入：事务数据库 DB，最小支持度阈值 $\theta$，可信节点 TN，节点集合 N，分布式框架 C

2：输出：完整的频繁模式集合 FP

3：TN. FPT ← constructFPTree（DB，$\theta$）；//可信节点 TN 扫描数据库 DB 两次，从而构造相应的 FP-tree

4：HT ← getHT（FPT）；//获得 FPT 的项头表

5：IS ← divideHT（|N|）；//把项头表 HT 中的元素随机分割成 |N| 个集合

6：for（i=1；i++；i ≤ |HT|）

7：n ← selectNode（N，i）；//选择第 i 个节点

8：cn ← selectConnectNode（n，C）；//选择节点 n 所对应的 ConnectNode

9：if（isExistFPT（cn）= =FALSE）

10：cn. FPT ← TN. FPT；//将可信节点 TN 中的 FPT 复制给 cn

11：n. FPT ← cn. FPT；//将节点 n 所对应的 ConnectNode 中的 FPT 复制给节点 n

12：$is_i$ ← getSet（IS，i）；//获得 IS 中的第 i 个集合

续表

13：$fp_i$ ← Ni. FP-growth（$is_i$）；//为 $is_i$ 中的每个元素执行 FP-growth 来挖掘频繁模式

14：FP ← FP ∪ $fp_i$；

15：

16：return FP；

在分布式环境下，需要考虑网络潜伏期（Network latency）的问题。因为互联网（Internet）的潜伏期总是要大于内部局域网（Intranet）的潜伏期，所以对 FP-tree 的复制应该在内部局域网中完成。基于上述考虑，FP-tree 的复制过程如下：首先，选择一个空闲节点 n，并在分布式框架 C 内找出节点 n 所对应的 ConnectNode。如果该 ConnectNode 不含有由 TN 复制过来的 FP-tree，则 TN 将会复制 FP-tree 给该 ConnectNode。为了减少传输负载，FP-tree 应该提前被压缩。其次，节点 n 通过内部局域网获得被压缩的 FP-tree，并且对其进行解压。当接收到 FP-tree 后，节点 n 找出 IS 中与其相对应的子集，并且为子集中的每个条件项运行 FP-growth 来挖掘频繁模式。很明显，每个节点只需要一次数据传输，这仅有的一次数据传输就是将 TN 中的 FP-tree 复制给每个空闲节点。而且在内部局域网中进行数据传输，可以缩短网络潜伏期。当所有的 |N| 个不同集合都被处理完之后，挖掘工作结束，并且返回频繁模式的挖掘结果。

## 11.5　安全性分析

CFPM 算法包括 GCFPM 和 FCFPM 算法。因为 FCFPM 算法的执行效率高于 GCFPM，但是 FCFPM 算法比 GCFPM 算法需要占据更多的内存。所以为了执行一个挖掘任务，CFPM 算法首先使用 FCFPM 算法来快速寻找频繁模式，当 FCFPM 无法挖掘某大型数据库时，就会使用 GCFPM。CFPM 算法结束时将会返回频繁模式挖掘的最终结果。因此，本节只分析 CFPM 算法的安全性。

**定义 11.13**　（$\varepsilon$-微分隐私）设 $D^n$ 表示事务数据集合所对应的空间，$n$ 表示该事务数据集合中所含事务的数目。如果一个算法 A 满足 $\varepsilon$-微分隐私，则对于所有的事务数据集合 $T$，$T' \in D^n$，都满足 $\Pr[A(T) \in E] \leqslant e^\varepsilon \Pr[A(T') \in E]$，其中事件 $E \subseteq Range(A)$（Zhan，2008）。

$\varepsilon$-微分隐私作为一种对隐私的定义，可以保证算法的运算结果不会泄露数据集合中任何记录的信息。参数 $\varepsilon$ 被用来控制整个算法的隐私保护程度，$\varepsilon$ 值越小说明隐私保护程度越高。$\varepsilon$ 的取值要远小于 1，通常规定 $e^\varepsilon \approx 1 + \varepsilon$。

**定理 11.1** CFPM 算法满足 $\varepsilon$-微分隐私。

**证明**：设 $D^n$ 表示事务数据集合所对应的空间，事务数据集合 $T$，$T' \in D^n$，设 $S_T = \{ \langle L_1, \overline{f_T}(L_1) \rangle, \cdots, \langle L_K, \overline{f_T}(L_K) \rangle \}$ 表示算法 CFPM 在数据集合 $T$ 上的输出值，其中 $T \in D^n$，$L_i$ 表示项集（模式），$\hat{f_T}(L_i)$ 和 $\overline{f_T}(L_i)$ 分别表示项集 $L_i$ 在 $T$ 中出现的截断频率和嘈杂频率。设 $W$ 表示 $K$ 个项集所对应的输出集合，并且设 $\check{f_T}(L)$ 表示项集 $L$ 在算法中的临时嘈杂频率。

如果要证明算法 CFPM 满足 $\varepsilon$-微分隐私，只需要证明 $\Pr[CFPM(T) = W] \leqslant e^\varepsilon \Pr[CFPM(T') = W]$。

因为 $\Pr[CFPM(T) = W] = \int_{v_1 \in R} \cdots \int_{v_K \in R} pdf_T[\check{f}_{L_1} = v_1] \, pdf_T[\check{f}_{L_K} = v_K] \prod_{L \in 2^U - W, \, |L| = l} \Pr_T[\check{f}_L < \min\{v_1, v_2, \cdots, v_k\}]$

其中，符号 $pdf_T[\ ]$ 和 $\Pr_T[\ ]$ 分别表示参数化概率密度函数和概率质量函数。为了减小 $\Pr[CFPM(T') = W]$ 的值，可以让 $\hat{f_L}(T)$ 加上或者减去 $\dfrac{1}{n}$，从而得到 $\hat{f_L}(T')$，因为 $|\hat{f_L}(T) - \hat{f_L}(T')| = \dfrac{1}{n}$，不妨设 $\hat{f_L}(T') - \hat{f_L}(T) = \dfrac{1}{n}$，$L \in 2^U - W$，$|L| = l$。

因为对于任意的 $L \in 2^U$，$v \in R$，都有 $pdf_T[\check{f}_L = v] = \dfrac{1}{2\lambda} e^{-\frac{|v - \hat{f}_L(T)|}{\lambda}}$ 成立。

同理可以推出 $v < \hat{f}_L(T)$ 时，$\Pr_T[\check{f}_L < v] = \dfrac{1}{2} e^{-\frac{|v - \hat{f}_L(T)|}{\lambda}}$；$v \geqslant \hat{f}_L(T)$ 时，$\Pr_T[\check{f}_L < v] = 1 - \dfrac{1}{2} e^{-\frac{|v - \hat{f}_L(T)|}{\lambda}}$。所以 $\Pr_T[\check{f}_L < v]$ 的值随着 $\check{f}_T$ 值的增大而减小。

因为对于任意的 $L \in W$，$\dfrac{pdf_T[\check{f}_L = v]}{pdf_{T'}[\check{f}_L = v]} \le e^{\frac{2}{n\lambda}}$，所以 $\dfrac{\Pr[CFPM(T) = W]}{\Pr[CFPM(T') = W]} \le e^{\frac{2K}{n\lambda}}$。

令 $\lambda = \dfrac{2K}{n\varepsilon}$，则 $\dfrac{\Pr[CFPM(T) = W]}{\Pr[CFPM(T') = W]} \le e^{\frac{2K}{n\lambda}} = e^{\varepsilon}$，所以得出 $CFPM$ 算法满足 $\varepsilon$-微分隐私。得证。

# 11.6　实验评价与分析

本节将设计一系列实验来表明所提出的 CFPM 算法在执行效率上的优越性。在下面的实验中将使用 IBM 的 Quest Synthetic Data Generator 来生成实验数据。此实验使用 10 个节点负责执行挖掘工作，每个节点所配置的笔记本电脑的 CPU 是 Intel Core i5 2.73 GHz，内存是 16 GB，硬盘是 32T。因为已有的并行的频繁模式挖掘算法都没有考虑隐私保护的需要，所以本节将选择并行频繁模式挖掘算法中最典型的 BTP-tree 算法来和 CFPM 算法进行比较（Zhou，2008）。BTP-tree 算法是一种有效的可以在网格系统中被使用的并行频繁模式挖掘算法。BTP-tree 算法和已有的大多数并行频繁模式挖掘算法一样，都是基于数据库分割方法。在整个实验中，CFPM 算法和 BTP-tree 算法，都是使用 Java 编程语言来实现的。

## 11.6.1　改变分布式节点的数目

在下面的实验中，通过改变分布式节点数目，从 1 变化到 10，来观察 CFPM 算法和 BTP-tree 算法在执行时间上的变化。数据库 T20. I5. N100K. D100K 的实验结果如图 11-3 所示，支持度阈值被设置成 0.03%。其中，把支持度阈值设置成较小值是为了比较 CFPM 算法和 BTP-tree 算法的性能。图 11-3 表明随着节点数目的增加，这两种算法所需要的执行时间将会减少。当只有一个节点可用时，CFPM 算法和 BTP-tree 算法的执行时间基本相同。原因是这两种算法都在一个节点上执行 FP-growth。当可用节点的数目等于 2 或 3 时，CFPM 算法的执行时间轻微高于 BTP-tree 算法。

这是因为对 FP-tree 进行压缩和解压的时间高于 BTP-tree 算法中传输分割后的数据库所需的时间。当可用节点的数目超过 3 之后，CFPM 算法所需的执行时间明显少于 BTP-tree 算法。原因是 CFPM 算法采用先压缩后传输的方法，这样可以减少传输的数据量，从而完成整个挖掘工作所需要的执行时间更少。

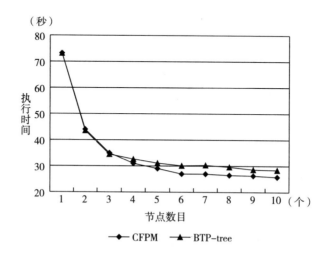

**图 11-3　数据集合 T20. I5. N100K. D100K 上算法的执行时间比较**

　　当可用的分布式节点的数目超过 6 时，执行时间减少的速度就基本不变了。针对 CFPM 算法，执行时间 72.53 秒、44.23 秒、30.53 秒和 25.02 秒，分别对应的节点数目是 1、2、4、8。当把节点数目由 1 增加到 2 时，可以节省 28.3 秒，当把节点数目由 2 增加到 4 时，可以节省 13.7 秒，当把节点数目由 4 增加到 8 时，可以节省 5.51 秒。改进的比率约等于 0.5，因为 28.3/13.7≈13.7/5.5≈0.5。改进的比率是由挖掘计算所需要的时间来决定的。此外，被节省的时间序列构成一个等比序列，其中公比约等于 0.5。以这个实验为例，如果节点数目增加到 16，被节省的时间将会是 5.5×0.5=2.75 秒。这意味着为了完成一个挖掘任务不需要让节点数目很大。该实验表明 CFPM 算法具有较高的执行效率，并且可以处理规模较大的挖掘任务。

　　由图 11-4 可以看出，当事务的平均长度被增大到 40 后，CFPM 算法和 BTP-tree 算法所需的执行时间的变化。观察图 11-4 发现当分布式节点数目大于 2 时，CFPM 算法比 BTP-tree 算法表现出更好的性能。其原因是基于数据库分割方法的 BTP-tree 算法需要各个节点相互交换事务，从而耗费了更多时间。

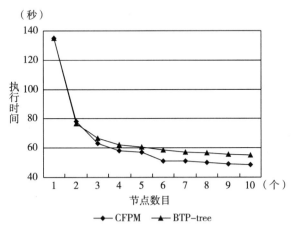

**图 11-4 数据集合 T40. I5. N100K. D100K 上算法的执行时间比较**

图 11-5 表明，当事务的数目被设置成 200K 时，CFPM 算法和 BTP-tree 算法的性能比较。在这个实验中，当分布式节点数目大于 2 时，CFPM

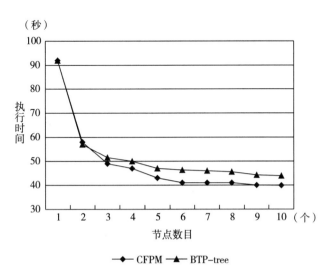

**图 11-5 数据集合 T20. I5. N100K. D200K 上算法的执行时间比较**

算法性能优于 BTP-tree 算法性能，数据库分割方法的缺点被暴露出来。因为 BTP-tree 算法需要将数据库分割后，再将分割后的部分分配给各个计算节点，使得数据传输需要更多的时间。而 CFPM 算法不需要分割数据库，也不需要将数据库分割后的部分分配给各个计算节点，从而节省了数据传输时间。通过以上几个实验，可以发现 CFPM 算法在执行时间方面比 BTP-tree 算法具有更好的性能，尤其是当数据库很大时，这种性能的优越性更明显。

### 11.6.2　改变数据集合的参数

我们还可以通过分别改变事务的支持度阈值、事务的数目、事务的平均长度，来比较和分析 CFPM 算法和 BTP-tree 算法的性能差别。

在图 11-6 中，使用 10 个分布式节点，并改变支持度阈值从 0.01% 至 0.05%，来比较这两种算法在执行时间上的差别。观察图 11-6 可以发现，CFPM 算法总是比 BTP-tree 算法需要更少的时间。CFPM 算法的优越性主要是因为其减少了传输负载和磁盘 I/O 访问的次数。在该实验中，CFPM 算法所需的平均执行时间是 BTP-tree 算法平均执行时间的 82%。另外，当支持度阈值越大时，CFPM 算法和 BTP-tree 算法在执行时间上的差别就越大，这和传输的数据量大小有关。在接下来的实验中会详细地分析这两种算法在执行过程中所传输的数据量。

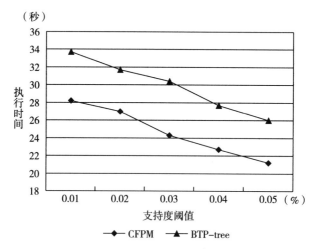

图 11-6　在数据集合 T20. I5. N100K. D100K 上算法执行时间和支持度阈值关系

图 11-7 和图 11-8 所对应的实验是为了说明 CFPM 算法和 BTP-tree 算法在 10 个分布式节点上的工作能力。图 11-7 描述了当事务数目从 50 千个变化到 250 千个时，对执行时间产生的影响。从图 11-7 中观察出 BTP-tree 算法不能挖掘事务大小是 250 千个的数据库。而 CFPM 算法可以通过使用 GCFPM 算法来完成这项任务。CFPM 算法由 GCFPM 和 FCFPM 两个算法组成，因为 FCFPM 算法比 GCFPM 算法占据更多的内存，所以当 FCF-PM 不能挖掘某大型数据库时，就会使用 GCFPM 算法来完成。

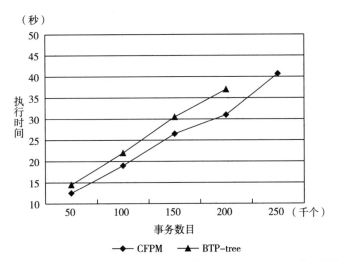

**图 11-7　在数据集合 T20. I5. N100K 上算法执行时间和事务数目的关系**

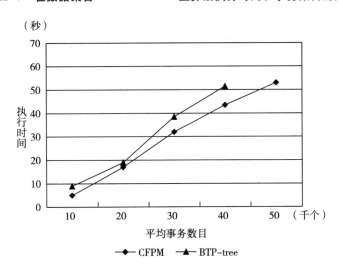

**图 11-8　在数据集合 I5. N100K. D100K 上算法执行时间和平均事务数目的关系**

在图 11-8 中，如果数据库的平均事务数目是 50 个的话，BTP-tree 算法无法对这种数据库进行挖掘。原因是 BTP-tree 算法需要在主内存中构造一个 Tidset 来快速选择事务。当事务数目或平均事务数目很大时，需要占据很大的内存。在 BTP-tree 算法中，随着事务数目的增加，构造 FP-tree 的可用内存将会减少。所以，在此方面，CFPM 算法的性能要优于 BTP-tree 算法。

### 11.6.3 传输数据量的比较

如图 11-9 所示，本小节通过改变支持度阈值的大小，来比较 CFPM 算法和 BTP-tree 算法在单独一个运算节点上的传输量的差别。在 CFPM 算法中，当使用的支持度阈值越来越大时，所建立起来的 FP-tree 的节点数目也就越来越少，于是所传输的数据量也相对大幅减少。而在 BTP-tree 算法中，支持度阈值变大后，虽然也会减少其传输的数据量，但和 CFPM 算法相比，BTP-tree 算法减少的幅度就不那么明显了。这是因为对 BTP-tree 的运算节点来说只要某事务中的其中一项是该节点负责的工作，那么就必须把该事务纳入该节点。举例来说：假设有事务 T1 是 ［A，B，C］，T2 是 ［A，C］，有一运算节点 m 负责 {A，B} 任务，则 m 必须要拥有 T1 和

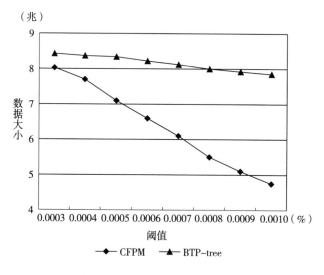

**图 11-9　各种支持度阈值下两种算法的传输数据量比较**

T2 的数据。接下来提高支持度阈值使其高于 B 的支持度，于是 m 只需负责 {A}，但却仍然需要拥有 T1 和 T2 的数据。实际上在进行数据挖掘时不应该把支持度阈值设定得太低，因为将支持度阈值设定太低会导致挖掘出的频繁模式过于琐碎，也不具有代表性。所以在一般情况下 CFPM 算法所需传输的数据量会比 BTP-tree 算法少很多。因此该数据传输量的实验结果表明了 CFPM 算法在数据传输上会有较小的网络传输消耗，当支持度阈值越大时效果越明显。

## 11.7 小结

本章提出了一种分布式环境下基于隐私保护的频繁模式挖掘算法 CFPM，并为该算法设计了一种新的分布式框架。CFPM 算法解决了分布式环境下隐私保护与数据挖掘之间的矛盾，将这两种技术有机地结合在一起，提出了基于隐私保护的频繁模式挖掘算法，从而既可以保证原始数据中的隐私信息在频繁模式挖掘过程中不被泄露，又可以保证挖掘出有用的规则和模式。另外，该算法可以有效地使用分布式计算节点来挖掘频繁模式，从而解决数据集合规模很大时，普通频繁模式挖掘算法效率低的问题。本章最后的实验部分，通过设计的一系列实验来比较 CFPM 算法和典型的并行分布式算法 BTP-tree 在执行效率上的差别，从而表明 CFPM 算法在性能和执行效率上的优越性。

# 12 面向金融区块链的隐私数据保护

随着互联网金融的快速发展，使用区块链技术不仅可以解决中央节点不可信的问题，并且可以提高金融交易的效率。本章将向读者介绍区块链的定义、区块链的特征和常用类型，并且介绍分布式账本技术的执行原理以及区块链技术目前在金融领域应用的成功案例，最后针对区块链应用中的个人敏感信息泄露的问题，提出使用密码学领域的相关技术来解决隐私泄露问题。

## 12.1 区块链介绍

### 12.1.1 区块链的定义

区块链本质上是一个对等网络（peer-to-peer）的分布式账本数据库。比特币的底层就采用了区块链的技术架构。区块链本身其实是一串链接的数据区块，其链接指的是采用密码学哈希算法对区块头进行处理所产生的区块头哈希值。每一个数据块中记录了一组采用哈希算法组成的树状交易状态信息，这样既保证了每个区块内的交易数据不可篡改，又保证了区块链里链接的区块也不可篡改。

区块链涉及数学、密码学、互联网和计算机编程等很多科学技术问题。从应用视角来看，区块链是一个分布式的共享账本和数据库，具有去中心化、不可篡改、全程留痕、可以追溯、集体维护、公开透明等特点。这些特点保证了区块链的"诚实"与"透明"，为区块链创造信任奠定了基础。而区块链丰富的应用场景，都是基于区块链能够解决信息不对称问题，实现多个主体之间的协作信任与一致行动。

一个完整的区块链系统包含了很多技术，其中有存储数据的数据区块及数字签名、时间戳等技术，有作为支撑的 P2P 网络和维护系统的共识算法，有匿名交易机制和比特币钱包等相关技术概念。正是这些技术，使得区块链在无中心的网络上形成了运转不息的引擎，为区块链的交易、验证、链接等功能提供了源源不断的动力。

## 12.1.2　数据区块

比特币的交易记录会保存在数据区块之中，在比特币系统中大约每 10 分钟会产生一个区块，每个数据区块一般包含区块头（Header）和区块体（Body）两部分，如图 12-1 所示。

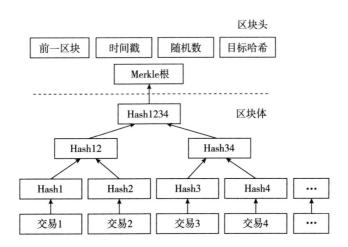

**图 12-1　数据区块内部结构**

区块头封装了当前的版本号（Version）、前一区块地址（Prev-block）、时间戳（Timestamp）、随机数（Nonce）、当前区块的目标哈希值（Bits）、Merklet 树的根值（Merkle-root）等信息。

区块体中则主要包含交易计数和交易详情。交易详情就是比特币系统中的记账本，每一笔交易都会被永久地记入数据区块中，而且任何人都可以查询。区块体中的 Merklet 树将会对每一笔交易进行数字签名，如此可以确保每一笔交易都不可伪造且没有重复。所有的交易将通过 Merklet 树的 Hash 过程产生一个唯一的 Merkle 根值记入区块头。

### 12.1.3　区块链的特征

（1）去中心化。区块链技术不依赖额外的第三方管理机构或硬件设施，没有中心管制，除了自成一体的区块链本身，通过分布式核算和存储，各个节点实现了信息自我验证、传递和管理。去中心化是区块链最突出、最本质的特征。

（2）开放性。区块链技术基础是开源的，除了交易各方的私有信息被加密外，区块链的数据对所有人开放，任何人都可以通过公开的接口查询区块链数据并开发相关应用，因此整个系统信息高度透明。

（3）独立性。基于协商一致的规范和协议（类似比特币采用的哈希算法等各种数学算法），整个区块链系统不依赖其他第三方，所有节点都能够在系统内自动安全地验证、交换数据，不需要任何人为的干预。

（4）安全性。只要不能掌控全部数据节点的51%，就无法操控修改网络数据，这使区块链本身变得相对安全，避免了主观人为的数据变更。

（5）匿名性。除非有法律规范要求，单从技术上来讲，各区块节点的身份信息不需要公开或验证，信息传递可以匿名进行。

### 12.1.4　区块链的类型

（1）公有区块链（Public Block Chains）。公有区块链是指世界上任何个体或者团体都可以发送交易，且交易能够获得该区块链的有效确认，任何人都可以参与其共识过程。公有区块链是最早的区块链，也是应用最广泛的区块链，各大比特币系列的虚拟数字货币均基于公有区块链。

（2）联合区块链（Consortium Block Chains）。联合区块链由某个群体内部指定多个预选的节点为记账人，每个块的生成由所有预选节点共同决定（预选节点参与共识过程），其他接入节点可以参与交易，但不过问记账过程（本质上还是托管记账，只是变成分布式记账，预选节点的多少，如何决定每个块的记账者成为该区块链的主要风险点），任何人都可以通过该区块链开放的 API 进行限定查询。

（3）私有区块链（Private Block Chains）。联合区块链仅使用区块链的总账技术进行记账，可以是一个公司，也可以是个人，独享该区块链的写入权限，本链与其他分布式存储方案没有太大区别。传统金融都是想实验尝试私有区块链，而公链的应用已经工业化，私链的应用还在摸索当中。

## 12.1.5　区块链框架简介

目前大多数区块链在金融行业应用过程中，被认为可以用来从最底层重构传统金融业现有的 IT 基础架构。下面将区块链的基础架构分为三层来进行讲解，如图 12-2 所示。

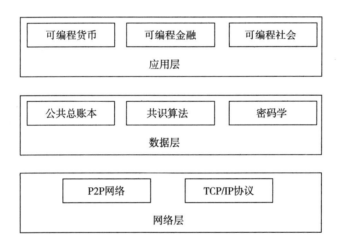

**图 12-2　区块链的基础架构**

首先，在网络层中，区块链是建立在 IP 通信协议和对等网络的基础上的一个分布式系统，和传统带中心的分布式系统不一样，它不依靠中心化的服务器节点来转发消息，而是每一个节点都参与消息的转发。因此 P2P 网络比传统网络具有更高的安全性，任何一个节点被攻击都不会影响整个网络，所有节点都保存着整个系统的状态信息。

其次，在数据层面上，区块链就是一个只可追加、不可更改的分布式数据库系统，是一个分布式账本。如果是公开的区块链，也就是公有链，那么这个账本可以被任何人在任何地方进行查询，完全公开透明。在区块链网络中，节点通过使用共识算法来维持网络中账本数据库的一致性。同时采用密码学的签名和哈希算法来确保这个数据库不可篡改，不能作伪，并且可追溯。例如，在比特币系统中，只有在控制了51%的网络算力时才有可能对区块链进行重组以修改账本信息。由于比特币系统的设计者在系统设计中巧妙地加入了带有经济激励的挖矿工作量证明机制，使得即使拥有网络51%以上算力的人也不会损害其自身利益而发起对网络的攻击。

目前，应用程序场景的程序和接口都是由应用层提供，并且安装在应用层的各种应用程序是直接与用户进行交互的，用户不用去探究区块链那些底层的细节。典型的区块链应用包括可编程货币应用、可编程金融应用和可编程社会应用等。

在区块链系统中，每一个节点既有可能是交易的参与者，同时又有可能是交易的监督者和管理者。从本质上来说，区块链系统是非对称加密、点对点网络和块链式数据结构等技术的组合（见图12-3）。

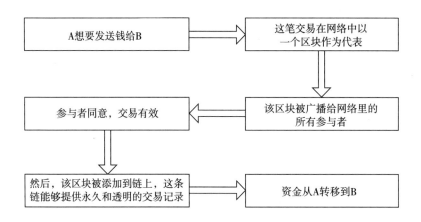

**图12-3 区块链的运行流程**

使用区块链技术，可以有效减少传统的中心化交易方式所产生的巨大花费。2018年2月22日，全球基金网络Calaston发布了一份研究报告，这份报告中显示区块链技术可以为共同基金节省高达26亿美元的成本。报告指出，区块链技术能够有效解决当前交易系统中的许多低效率问题，包括成本、风险、运营、监管等。

分布式账本能够削弱现有的中介控制作用，不需要任何中央数据管理系统介入就能形成点对点的支付交易，实现"交易即结算"的模式。这种模式大大提升了交易效率和清算速度。分布式账本技术还使账本的安全性得到大大的提高，具体说明如下：

（1）共识协议安全。分布式账本建立在网络各节点对交易数据或拟定交易价值达成一致的基础上，并对账本进行更新。事实上，人们大可不必担心区块链分布式账本的安全。基于 POW 共识过程的区块链节点要掌握全网超过 51% 的算力才有能力成功篡改区块链数据，但是要掌握全网超过 51% 的算力将会付出非常昂贵的成本；基于 POS 的共识过程仅仅依靠自身的股份来维护网络安全。因此，不用担心区块链数据被攻击的问题。

（2）数据难以篡改。当账本的某一部分被修改时，网络中的节点可以通过签名算法迅速甄别。如果系统在审核时发现两个账本的信息不一致，就会自动舍弃那些少数不一致的节点，只保留那些大部分节点相同的账本。这意味着要想篡改数据就必须控制系统中的大部分节点，黑客攻击时也必须同时攻击所有副本才能生效，而这是很难实现的。

（3）加密技术及算法。分布式账本实现了数据的共享和透明，伴随而来的问题就是这项技术如何保护个人隐私及交易信息的安全。分布式账本使用加密技术对用户身份和交易数据进行加密，并通过算法将新的交易添加到已有交易链中，这使得交易者不需要第三方介入就可以直接管理多种交易。此外，分布式账本的去中心化特性使所有信息都被公开记录在"公共账本"中。区块链的难以篡改特性保证了数据的真实性，使数据适用于交易溯源及供应链溯源等场景。

区块链中让所有节点都参与的维护数据交易的模式是基于密码学设计的，它没有通过第三方机构来委托实施，每个参与的节点都记录在区块链中，都是一个完整的数据交易信息，然后由数据验证算法直接解密，这在很大程度上保证了记录和信息的安全性。区块链的节点都享有同等的权利与义务，每个节点都参与数据的管理，也享受着分布式记账所带来的安全性和便利性。

# 12.2　区块链应用案例

## 12.2.1　区块链应用于清算与结算业务的优势

传统的清算与结算交易成本高，效率低下，并且容易出现单点故障，引发汇兑风险。首先，在中心化结构的清算与结算体系中，每个银行在自己的账务信息系统上单独记账，账目信息未能共享至其他银行或机构，一旦银行账务信息系统因操作失误或外部攻击受到损伤导致单点故障，将很难保证全部账目信息的完整性和与原先账目的一致性，最终导致银行客户的利益受到影响。其次，传统清算与结算业务存在较高的人为可操作性。银行具有国家信用背书，在没有其他选择时，人们不得不相信银行所记录的账目是正确的，银行将妥善保护自己的存款，但在特殊情况下，银行对于保证客户资金财产安全没有绝对把握，可能会因内部管理不善被人为修改账务信息系统中的账目信息，也可能会因信息泄露，客户资金被人通过电信诈骗等方式非法盗取。

区块链技术将提供一个分布式的共享总账本，简化境内和跨境支付、结算操作流程和节省成本。区块链对传统清算与结算的改进主要体现在交易效率提升、交易成本降低和系统安全性增强三个方面（见表12-1）。

表12-1　传统支付体系与区块链支付体系的清算结算比较

| | 传统支付体系 | 区块链支付体系 |
|---|---|---|
| 交易效率 | 跨境清算与结算需要3~10天；经历多个中介机构和操作环节 | 交易时间缩短至几分钟甚至实时结算；点对点直接发生交易，不经过中介 |
| 交易成本 | 系统建设需要投入大量资源；电汇费+手续费+中间费用 | 无须清算中介，没有电汇费和中间费用 |
| 系统安全性 | 取决于银行系统安全性、兼容性；面临单点故障风险 | 分布式响应机制、不可篡改、匿名；单点故障不引起风险，抗攻击能力强 |

首先，基于区块链技术的清算与结算业务可以提高交易效率，缩短交

易时间。较长时间的占款期将产生巨大的机会成本，降低资金利用效率并加大汇兑风险。在非完全点对点交易的模型中，利用区块链共识机制，付款方向区块链网络提交付款申请，申请信息将在极短时间内广播至全网的所有节点，当大部分节点同意或了解这笔交易后，付款银行减少付款方资金账户的资金数额，同时，收款银行增加相同数量到收款方的资金数额，交易完成后的结果再次更新至全网节点，所有节点共享完全相同的账本信息。在点对点直接交易的模型中，付款方将发送一定数量数字货币直接进入收款方虚拟地址，交易结果将受到全网节点确认而不需要依赖任何中介。其次，基于区块链技术的清算与结算业务将大幅降低交易成本。最后，基于区块链技术的清算与结算业务具有更高的安全性。分布式记录和存储增强了支付体系的抗攻击性，由于收付款双方汇款信息得到了全网节点的普遍确认，任意节点功能被破坏不会影响整个系统的完整性和准确性，在信息传输过程中，传输过程短，不存在误操作的空间，而任何对汇款信息的改变将受到全网节点的排斥，最终降低了汇兑风险。

## 12.2.2　区块链应用于贷款清算领域的优势

在传统贷款清算模式下，双方银行各自记录交易信息和资金结算。在交易完成后，双方需要再次进行对账，这样就会花费大量的成本且双方无法确认各自数据的真实性，各自记账的数据是有偏差的。通过图 12-4 可以看出，双方银行不能及时了解对方的备付金账户信息和贷款借还明细，只能通过日终对账文件获取信息，而且还需要银行间各自开发对账系统，缺乏统一的系统间账务信息。这种传统的贷款清算模式无疑增加了双方的流动性管理难度，由于缺乏统一的系统间账务信息，也增加了银行间合作的复杂性。

鉴于此，引入区块链备付金管理与对账平台后，不仅交易过程可以并行清算，而且所有交易信息都记录在区块链上，无法进行篡改，这就做到了实时清算，原来合作银行在"T+1"才能拿到的数据，现在可以实时进行调阅和核对。

图 12-5 就是基于区块链技术开发的联合贷款清算平台。目的是优化银行之间使用联合贷款的过程中的结算与清算。贷款信息通过区块链系统记录在区块链网络上，一旦记录就无法篡改，交易过程中自动进行清算过

程，完成实时交易清算效果，免去数据交换及清算对账带来的繁杂工作。其接口功能主要有：①了解信贷及资金交易信息；②进行实时的数据流通监控；③免除依赖日终对账文件进行清算对账的繁重工作。

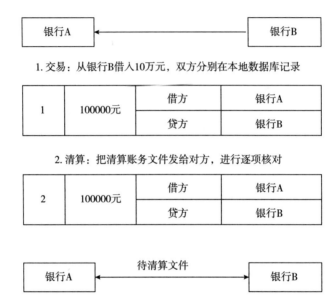

1.交易：从银行B借入10万元，双方分别在本地数据库记录

| 1 | 100000元 | 借方 | 银行A |
|---|---|---|---|
|   |          | 贷方 | 银行B |

2.清算：把清算账务文件发给对方，进行逐项核对

| 2 | 100000元 | 借方 | 银行A |
|---|---|---|---|
|   |          | 贷方 | 银行B |

**图12-4 传统联合放贷模式：交易和清算在不同阶段完成**

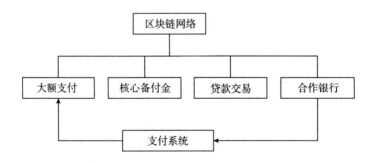

**图12-5 区块链备付金管理与对账平台示意图**

如图12-6所示，链接在区块链网络中的两家银行也可以使用智能合约中的对账服务云接口来完成清算对账的繁重工作。

如图12-7所示，链接在区块链网络中的两家银行也可以使用联合贷款模式的接口来保证交易和清算同时完成，避免在联合贷款业务进行过程中出现金融数据冲突，实现金融数据的完整性和一致性。

**图 12-6　基于区块链技术开发的联合贷款清算平台示意图**

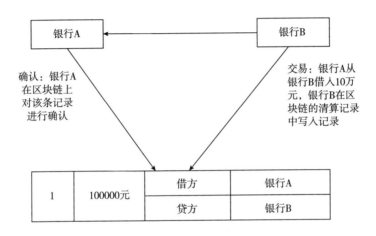

**图 12-7　区块链联合贷款模式：交易和清算同时完成**

## 12.2.3　区块链应用于借贷领域的优势

银行在借贷申请环节，通过区块链技术搭建征信系统，该系统运用大数据技术和区块链技术将申请材料、不良信用记录和多平台借贷记录等信息加以整合，有效识别机构代办、团伙欺诈等高风险行为，有助于银行降低信贷风险，减少资金损失（见图 12-8）。因此，区块链技术所构建的征信系统能够有效地从源头控制信贷风险。区块链虽然可以通过共享信息来降低风险，但是其本身没有衡量信用风险的能力，需要接入大数据来构建个人信用风险评价模型。首先，个体在经济金融活动中产生信用数据，区块链认证系统对个人身份信息和信用信息进行识别、检验和多方认证，通过大数据来剔除传统征信信息过程中大量的垃圾数据，对碎片化的数据进行整合和标准化处理。比如，银行通过高质量数据来源增加其风控水平。其次，认证后的数据经过加密处理存储到加入区块链中征信机构的信用信息数据库，实现数据加密和分布式存储。金融机构按照个人信用记录生成的先后次序来确定各区块的地址，并将所有区块接入形成区块链；若某个用户在多个金融机构存在信用记录，则采用其中最新的信用记录对应的区块接入区块链主链，其他信用记录对应的区块相应地接入支链作为补充；若存在两条生成时间相同的信用记录，则优先采用信用水平较低的信用记录。再次，有征信需求的金融机构在个人知情和授权的前提下，向征信系统申请提取经济个体的信用信息，在此基础上构建高效的信用风险评价模型，以最大化降低信息不对称和信用风险。最后，个人在金融机构中的任何一笔信用交易都将上传至区块链征信系统，同时可被其他有权限的金融机构查验，平台可以出示更加准确的信用评级结果，以及防止借款者因过度借贷而无法负担沉重的债务。

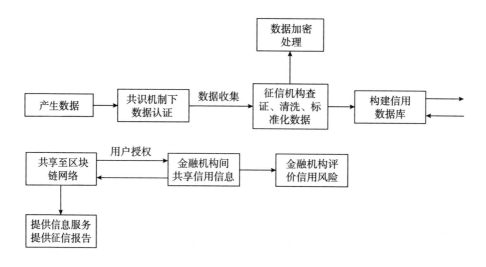

**图 12-8　区块链征信系统**

因此，基于以上区块链技术，银行通过构建自己的征信系统来进行贷前筛选。接入该区块链征信系统后，通过运用数千个维度的数据所构建的信用评级来进行候选名单筛选。通过用户征信数据、社交数据、公安数据、学历数据、交易记录等信息来对申请用户进行信用评级，最后根据用户的信用评级来决定是否发放贷款以及发放额度。而且，银行还可以通过设置贷款额度来实现差异化，以此来控制风险，降低不良贷款率。

区块链征信系统是基于区块链技术和大数据分析技术所构建的，是借助了传统征信数据源和大数据分析技术才得以建立的。该架构主要推出两类征信产品：一是反欺诈产品，主要为银行、证券、保险、小额贷款、网络借贷等商业机构提供人脸识别系统和欺诈评测服务；二是信用评级产品，包括信用报告和信用评分。该架构通过运用大数据分析技术结合原有的数据源基础，开发具有"互联网风控"特色的模型，主要针对客户的信用情况进行全面的评估，实行整个贷款流程的风险管控。通过上述两大数据源建立全流程风险管控。基于大数据分析技术，建立了一系列风险计量模型，不仅可以应用于反欺诈等日常风险控制工作，而且可以对贷中和贷后进行实时监测。

以上基于区块链技术的征信系统可以实现贷中多维度实时监控欺诈行为。比如短信验证，异常支付监测，资金流向监控等。客户在使用已发放的贷款时，同样受到该银行的实时监测，比如，申请人申请的小额贷款用于网上购物或者其他消费，区块链的实时广播传播到各个节点，银行可以实时获取贷款人的消费信息以及从事了哪些金融活动。

针对贷后管理环节，基于区块链技术的征信系统可查询到借款人的平台借款申请、其他平台逾期、法院失信记录、法院执行记录、手机号停用、用户常用地址变动、工作地址变动等，帮助银行动态监控借款人的信息变更。及时发现可能不利于贷款按时归还的因素，并调整相应的催收策略，更好地解决坏账隐患。通过该区块链征信系统，贷后预警、黑名单识别、多层次催收（电话、短信、诉讼）等模型如影随形，将银行在借贷业务中面临的信用风险降至最低。

相较于传统网贷平台，基于区块链技术的借贷系统发放贷款是通过贷前筛选、贷中审核和贷后监控这三步完成。在借款人申请贷款之时，银行除了收集借款人提供的信息以及通过大数据进行信息收集之外，还会通过合作银行以及央行征信系统对该借款人的信用风险进行评级。在发放贷款之后，银行会及时运用区块链技术进行实时广播，让合作方都知道借款人进行了借贷业务，可以帮助同平台的银行以及第三方获得该借款人的信用数据（见图12-9）。当借款人逾期时，区块链再一次进行广播，并且可以实时得到该借款人的金融活动数据，提前应对该借款人的违约风险。

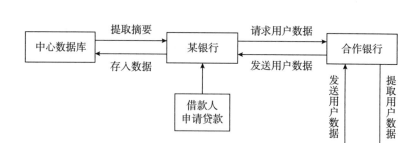

图 12-9　区块链技术下的共享交易模式

## 12.2.4　区块链技术在供应链金融平台的应用

腾讯"微企链"是一款基于腾讯区块链底层技术和财富通清算能力，与其投资的保理公司联易融共同建立的供应链金融服务产品，是国内首个"供应链金融+区块链+ABS"开放平台。该平台引入包括但不限于核心企业、供应商、银行、保理公司等角色，实现应收账款的拆分、流转与变现。通过腾讯区块链技术，链接核心企业资产端及金融机构资金端，资金流动性和配置效率得以提升，有效降低了供应链中小企业融资成本。

腾讯区块链微企链在产品能力架构上分为：业务服务应用、平台服务以及底层基础设施，具体架构如图 12-10 所示。

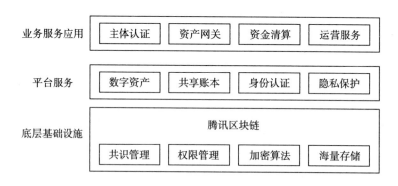

图 12-10　腾讯微企链供应链金融架构图

168

底层基础设施提供共识管理、权限管理、加密算法以及海量存储等能力，是上层服务所需性能的有效支撑，保证上层服务运行安全及稳定。

平台服务包括数字资产、共享账本、身份认证及隐私保护，基于底层技术设施提炼出多样化的服务能力，提高应用开发上的方便性和灵活性。

业务服务应用提供主体认证、资产网关、资金清算和运营服务等能力，帮助供应链金融上的各个参与方降低业务开发的入门门槛，达到更加快捷开展各自业务的目的。

供应链中所有的参与者通过腾讯微企链，真实、完整地记录了供应商对核心企业应收账款的发行、拆分、流通以及兑付。基于区块链技术不可篡改、不可抵赖和可追溯等特点，且数据经多方记录确认，因此，应收账款的拆分转让能追溯至登记上链的初始资产。通过区块链技术将金融资产数字化且可以拆分，提升资产流动性，实现供应链金融中的信任穿透，降低中小企业的融资成本，深度盘活金融资源。

在实际应收账款融资中，微企链突破传统的反向保理模式，实现营收账款债权的拆分流转及变现，将核心企业的信用传递至长尾多级，具体解决方案如图 12-11 所示。

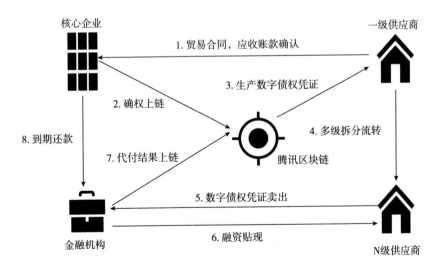

**图 12-11　腾讯微企链应收账款融资方案**

（1）审核确认。通过资产网关在线上审核一级供应商与核心企业应收账款，从而确保贸易背景真实性。

（2）确权上链。应收账款由核心企业进行确权后，将应收账款数字化上链。

（3）生成数字债权凭证。经确权上链之后，微企链上生成核心企业和一级供应商的数字债权凭证。

（4）流转拆分。供应商可将数字债权凭证进行分拆流转，将其流转给上游供应商。

（5）卖出或持有到期。每一级供应商均可以根据自身的资金诉求，按照业务需要选择持有到期，或者将数字债权凭证卖出给金融机构。

（6）融资贴现。金融机构在签收供应商的数字债权凭证后，对供应商进行融资贴现，完成资金代付。

（7）结果上链。金融机构在对供应商完成融资贴现后，其贴现的代付结果会一并上链，确保信息的真实性及不可篡改性。

（8）到期还款。待应收账款到期还款日时，核心企业将相应的资金还款至金融机构或持有到期的供应商。

相对于传统供应链金融模式，腾讯微企链实现一体化全线上开放，通过将应收账款债权资产与资金对接，实现了应收账款融资的创新融资模式。在该模式下，核心企业作为应收账款付款人，提供最终信用支持。区块链技术在资产导入端打破了核心企业只到一级供应商的传统反向保理模式，实现对核心企业应收账款拆分至 N 级供应商。在产品化端，借助银行和券商等机构，应收账款拆分流转至产业末端小微企业，绑定核心企业到期付款信用，挖掘低风险、高收益资产，提供多元化风控手段。

对于小微企业，融资成本显著降低，融资困境显著改善。同时，凭证发行流程全部线上化，数字债权凭证支持自由拆分，传递核心企业信用。另外，供应商无须面对面开户，提交纸质资料等烦琐程序，通过注册微信小程序即可全程操作，业务接入零成本。

对于核心企业，首先，由于供应商能够以更低的成本、更高的效率进行融资，因此核心企业能够优化账期，减轻贸易谈判与兑付压力，改善自身现金流与负债表；其次，微企链链接多层供应商，中小企业通过核心企业自身信用的支持下帮助供应商开展生产以及扩大规模；最后，核心企业无须通过线下烦琐盖章审批流程，只需线上注册及确权即可有效防止合同和票据造假，提高了操作效率。此外，微企链基于腾讯财付通清算能力，资产到期仅需一次付款，无须层层清算。

对于金融机构，通过腾讯微企链，金融机构可以新增业务来源及获客渠道，扩大其业务规模。金融机构通过微企链对多级供应商享有更多自主定价权来提升业务收益，同时保证资产风险可控。且业务开展只需在腾讯微企链平台注册即可使用，无须自建平台，方便金融机构在全国各地开展业务，不但不会增加工作流程与工作量，反而可以提升工作效率。

# 12.3　金融大数据安全存储管理架构

## 12.3.1　点对点的金融区块链

首先，建立一个基于联盟链的分布式区块链系统，可以对电子金融记录进行安全的管理和共享。普通的用户和金融机构作为普通的系统节点，可以上传、管理和交易自己的电子金融记录。同时，也存在一些其他的节点，比如账户中心、审计中心、银行和保险机构等。其次，为了更好地促进电子金融记录数据的共享，该系统引入了金融币，用户的共享行为都会获得一定的报酬，而数据消费者获取金融数据需要支付一定的代价。数据资源定价模型可以更好地保障数据拥有者的基本权益，平衡系统中的数据供给与消费需求的关系。

## 12.3.2　数据分布式安全共享

在联盟链技术的支持下，可以构建区块链来实现不同金融机构之间的电子金融记录数据资源共享。然而，与比特币中所有节点均可参与的高成本工作量证明机制不同的是，区块链在金融节点联盟中选择部分机构作为"挖矿"节点，并采用权益证明机制等低成本的共识机制来实现系统一致性。这些预先选择的"挖矿"节点负责收集并验证系统中的交易，维护整个区块链系统正常运转。此外，为实现区块链系统的数据资源供给平衡和稳定性，引入金融币去评估电子金融记录数据资源的价值。

区块链中数据共享的关键步骤介绍如下：

（1）系统初始化：在区块链中，所有节点必须首先注册成为一个合法的用户，才能参与系统中的各种交易活动。该系统和银行、保险等政府机构的身份数据互通，因此用户必须以真实的身份进行注册。用户利用自己的身份信息获取用于交易的公钥和私钥。类似于在比特币系统中，用户利用公钥生成大量地址并用于不同交易，该方式可以有效防止统计学的攻击。在这里，用户的数据共享行为和系统节点对数据的各种操作行为均以交易记录的形式存储于系统的公共账本中，而真实数据存储在各个金融机构的服务器或者用户个人的移动客户端（仅限用户自己的数据）。

（2）电子金融记录传递：区块链可以促进金融大数据在系统中不同金融节点间更加方便地传递与共享。用户利用该系统，可以随身携带其历史电子金融记录，去新的金融机构办理相关业务，仅仅需要对当前金融结构进行授权即可。金融单位可以利用完整的历史金融记录对用户的动态信息进行比较深入的了解，更好地提供相应的金融服务。同时，研究者可以利用更加完整和全面的数据进行金融领域科技研发水平的提高，并对可能发生的突发事件进行预测和预防。此外，用户和金融机构可以自由地访问自己创建的金融记录（在这里他们共享自己的记录且必须对对方的信息进行保密），如果想访问和查看别的记录，则需要获取授权并付出一定的金融币才能访问。

（3）金融币支付过程：金融币扮演了一种奖励共享行为以及向数据资源消费者收费的价值衡量角色。用户和金融机构作为电子金融记录的创造者，可以共享自己的记录数据，系统会根据记录的需求程度进行合理的报酬。相应的金融币奖励会发放到用户的钱包地址中，该金融币可以用于购买其他需要的记录数据，或者抵消用户从事互联网金融活动时的部分实际花费。同时，需要数据资源用于金融技术和决策支持的关键节点均可以通过金融币来购买需要的数据资源。该方式不仅可以促进金融大数据资源的共享行为，而且可以减轻用户的就医负担。

（4）建立新的区块：一段时期内的交易将会打包到临时区块中，并在全网进行验证，若通过验证，该区块将会被链接到公共的账本上。获得该区块记账权的金融机构节点将会执行这个操作，并被奖励一定的金融币。本系统为了提升交易确认效率并减少资源消耗，采用权益共识机制来实现系统一致性。

（5）系统一致性过程：系统的一致性过程类似于比特币系统中的交易确认过程。打包好的区块数据会由获得记账权的领导节点发送给其他节点进行验证，经过广播、审计、比较和确认四个过程之后，验证结果汇总到领导节点。如果结果不一致，则需要重新进行验证。如果通过验证，领导节点即可把该区块链接到公共账本上，并发送结果到全网节点。到此为止，交易结束，该区块链中的交易也作为一条不可更改的记录登记在区块链账本中。建立区块的领导节点也会获得建立新区块的报酬，并在下一个新的区块中继续验证工作。

# 12.4　基于博弈论的数据资源交易

区块链可以为不同金融机构和用户提供分布式金融大数据共享平台。本节提出了用于跨机构数据共享的安全电子金融记录资源定价模型，制定了一种能帮助交易参与者获得最优数据定价和数据交易量的博弈策略。当所提出的价格博弈达到纳什均衡时，即可实现社会效益最大化和市场均衡。下面是对定价模型的详细描述。

## 12.4.1　资源定价与收益模型

本节采用一种叫斯坦克尔伯格博弈的经济学策略游戏来定义电子金融记录提供者和消费者之间的关系。非合作斯坦克尔伯格博弈一般用于解决独立从方决策者响应主方决策者的多层次决策问题。由于单条记录不能提供显著的价值，这里把金融机构作为电子金融记录的提供者，与消费者进行数据交易。在所提出的区块链中，记录提供者在斯坦克尔伯格博弈游戏中作为"领导者"首先做出决定，消费者作为"跟随者"根据"领导者"的决定做出自己的决定。

首先，选择一个金融机构作为"领导者"。设置一个元数据价格策略 $\{\lambda = |\lambda_i| : \lambda_{min} \leq \lambda_i \leq \lambda_{max}\}$，其中 $\lambda_i$ 是第 $i$ 个数据消费者的价格，$\lambda_{max}$ 和 $\lambda_{min}$ 分别表示最高价格和最低价格。最低价格 $\lambda_{min}$ 是记录提供者最低的收益保证。因此，去掉额外操作和维护费用 $\gamma$ 之外，金融机构的期望收益

是：$D_L = \lambda_i d_i - \gamma d_i$。其中，$d_i$ 是第 $i$ 个数据消费者的需求量。

"跟随者"一般是数据的使用者，例如研究者、金融公司或其他需要使用金融数据进行分析的机构。根据"领导者"的出价规则，"跟随者"决定其数据购买量。假设有 W 个数据消费者共同为一种数据竞价，当加上额外需要的操作和维护费用之后，可以表示为：

$$S_{sat} = a_i \ln(d_i - d_{min} + C_i)$$

其中，$d_{min}$ 是第 $i$ 个数据消费者最低的需求，$a_i$ 是预设的非零正因子。

由于第 $i$ 个数据消费者对每一条数据的付出代价即为 $\lambda_i d_i$。因此，数据消费者的收益函数可以表示为：

$$D_F = S_{sat} - \lambda_i d_i$$

根据上述定价策略，数据资源的提供者和消费者将会执行一个有序的决策过程，直到达到各自期望的收益，即得出最终的数据价格和成交数据量。双方均希望自己能到达最大的收益，提供者希望以更高的价格售出更多的数据量，消费者希望以更低的价格获得更多的数据量。因此，该问题变成一个最优化博弈的问题，资源提供者和消费者各自的收益期望可转化为如下两个问题：

$A$：$\max \sum_{i \in N} D_L(\lambda_i, d_i)$，$\lambda_{min} \leq \lambda \leq \lambda_{max}$

$B$：$\max D_F(d_i, \lambda_i)$，$a_i \geq 0$，$d_i \geq d_{min}$

假设区块链网络中存在某个节点作为电子金融记录数据收集者和交易者的金融节点。该节点作为系统的维护者，通过金融大数据资源创造收益来支付原始数据生成者的回报，并努力使得系统达到整体平衡，且获得最大的收益。

此时，区块链系统的最大化系统效益可以被表示为如下最优化问题 $C$：

$C$：$\max\{\sum D_F + \sum D_L\}$。此外，在这个模型中主要考虑一个固定时间段内来自不同金融机构节点的金融大数据资源供给和需求，所提出的定价策略方案会随着时间的推移产生动态的调整。某些金融机构节点的进入和离开不会影响当前阶段的元数据价格，因此系统始终能达到供需平衡。同时，电子金融记录数据是可重复利用的资源，数据的供给量会随着更多新共享数据进入而不断增加。只有当某些电子金融记录数据超过了一定的期限，失去使用价值之后，才不会对当前系统的单元数据价格造成影响。另外，区块链中的电子金融记录数据都拥有唯一服务器存储地址和不可改变的共享交易记录，可以有效防止同一条记录的双重共享行为，即已经被共享过的电子金融记录数据无法被重复共享。

## 12. 4. 2　最优定价与最大化收益

当所提出的斯坦克尔伯格博弈理论定价达到纳什均衡时，最优化问题 A 和问题 B 可被解决，即游戏中的"领导者"和"跟随者"均获得最大化收益。根据该游戏规则，电子金融记录的提供者和消费者均可以实现最大化收益。因此，问题 A 和问题 B 之间纳什均衡问题可以被描述为定义 12.1。

**定义 12.1**　如果满足如下条件，即可达到纳什均衡点 $(\lambda^*, d^*)$，其中 $\lambda^*$ 代表最优元数据价格，$d^*$ 代表消费者的数据资源需求量。

$$\partial D_L(\lambda^*, d^*) = \partial D_F(\lambda_i, d^*)$$

这里，利用逆向推导法来解决上述纳什均衡问题。首先，计算第 $i$ 个数据消费者的最优数据资源需求量并进行求导，即可得出效益函数 $D_F$ 对资源需求 $d^*$ 的一阶和二阶导数如下：

$$\frac{\partial D_F}{\partial d_i} = \frac{\partial_i}{d_i - d_{\min} + c_i} - \lambda_i$$

$$\frac{\partial^2 D_F}{\partial d_i^2} = -\frac{\partial_i}{(d_i - d_{\min} + c_i)^2} < 0$$

因此，可以得出效益函数 $D_F$ 是严格收敛的。同时，计算 $\frac{\partial D_F}{\partial d_i} = 0$，即可得出最优数据资源需求量：$d_i^* = \frac{\partial_i}{\lambda_i} + d_{\min} - c_i$

其次，计算数据资源的最优元数据价格。然后，将最优数据资源需求量结果代入，进而得出数据资源提供者的收益函数 $D_L$ 可以被转化为：

$$D_L = (d_{\min} - c_i) \lambda_i - \frac{\gamma \partial_i}{\lambda_i} - \gamma(d_{\min} - c_i) + \partial_i$$

计算收益函数 $D_L$ 对元数据价格 $\lambda^*$ 的一阶和二阶倒数为：

$$\frac{\partial D_L}{\partial \lambda_i} = \frac{\gamma \partial_i}{\lambda_i^2} + d_{\min} - c_i$$

$$\frac{\partial^2 D_L}{\partial \lambda_i^2} = -\frac{2\gamma \partial_i}{\lambda_i^3} < 0$$

当 $d_{\min} < c_i$，有 $\lim_{\lambda_i \to 0} D_L = -\infty$ 和 $\lim_{\lambda_i \to +\infty} D_L = -\infty$。同时，可以得出：

$$\begin{cases} \dfrac{\partial D_L}{\partial \lambda_i} > 0, & if \ 0 < \lambda_i < \sqrt{\dfrac{\gamma \partial_i}{c_i - d_{\min}}} \\ \dfrac{\partial D_L}{\partial \lambda_i} < 0, & if \ \lambda_i > \sqrt{\dfrac{\gamma \partial_i}{c_i - d_{\min}}} \end{cases}$$

因此，可以得出收益函数 $D_L$ 随着元数据价格的变换先增加后减少，收敛函数严格收敛，即当 $\dfrac{\partial D_L}{\partial \lambda_i} = 0$ 时，数据资源达到最优元数据价格为：

$$\lambda^* = \sqrt{\frac{\lambda \partial_i}{c_i - d_{\min}}}$$

另外，由于 $\lambda_i$ 代表第 $i$ 个数据消费者的价格，因此，不考虑 $d_{\min} > c_i$，$\lambda_i < 0$ 的情况。

在所提出的斯坦克尔伯格博弈理论定价游戏中，金融机构作为数据资源的分配者与数据资源消费者进行交易。通过本章所提出的算法，利用逆向推导算法，可以得出数据资源定价和交易数量之间的纳什均衡点，即数据资源提供者和消费者达成双方满意的数据资源定价和交易数量，实现各自的最大化收益。

**定理 12.1** 在区块链中，如果电子金融记录数据提供者和消费者之间的斯坦克尔伯格博弈理论定价游戏达到纳什均衡，系统即可实现最大化效益。

**证明**：区块链最大化收益问题等价于两个最优化问题：问题 A 金融机构收益最大化和问题 B 数据资源消费者的效益最大化。数据资源消费者的效益函数 $D_F$ 对其资源需求 $d_i$ 是严格收敛的。同时，数据资源提供者的收益函数 $D_F$ 对其资源的元数据价格 $\lambda_i$ 也是严格收敛的。所以在此区块链中，金融机构可以获得最优的元数据价格 $\lambda^*$，数据资源消费者可以得到最优的数据资源量 $d^*$，即（$\lambda^*$，$d^*$）就是斯坦克尔伯格博弈理论定价游戏的纳什均衡点。当区块链系统达到纳什均衡点时，数据资源提供者和消费者均可获得最优收益，且系统达到最大化效益。

# 12.5 安全性分析与性能评估

## 12.5.1 所提出的算法

本节将根据定理 12.1，提出数据资源最优定价算法（见表 12-2），然后对系统安全性进行分析。

**表 12-2 数据资源最优定价算法**

1. 初始化：$D_L^* = 0$，$D_F^* = 0$，$\lambda_i^* = 0$，$d_i^* = 0$

2. for 每一个数据资源消费者 $i \in N$ do

3. For 元数据价格 $\lambda_i$ 从 $\lambda_{max}$ 到 $\lambda_{min}$ do

4. If $d_{min} < c_i$ then

5. $\lambda^* = 0$，$d^* = 0$

6. 退出

7. end if

8. 数据资源者消费者 $i$ 根据 $d_i^* = \dfrac{\partial_i}{\lambda_i} + d_{min} - c_i$ 调整需求量 $d_i$

9. 数据资源者消费者 $i$ 根据 $D_F = \partial_i \ln\left(d_i - d_{min} + c_i\right) - \lambda_i d_i$ 调整自己的效益

10. 数据资源者消费者 $i$ 根据 $D_L = \lambda_i d_i - \gamma d_i$ 调整自己的收益

11. If $D_L \geqslant D_L^*$ then

12. 数据资源提供者记录最有价格和收益 $D_L^* = D_L$，$D_F^* = D_F$，

13. $\lambda_i^* = \lambda_i$，$d_i^* = d_i$

14. end if

15. If $D_L < D_L^*$ then

16. 退出

17. end if

18. end for

19. end for

20. 斯坦克尔伯格博弈理论定价游戏达到纳什均衡点 $(\lambda^*, d^*)$

### 12.5.2 系统安全性分析

对比中心化的互联网金融服务系统，区块链建立的分布式电子金融记录数据存储模式为用户提供了跨机构访问个人数据的便利性。同时，对比基于工作量证明的比特币系统，该系统利用权益证明机制使得系统交易更加高效。另外，联盟链技术帮助建立开放共享的电子金融记录数据资源交换平台，不仅可以提高金融大数据的安全性，还能有效保护用户隐私安全。

（1）隐私保护：用户的注册信息和数据资源交易信息作为交易的形式记录到区块链账本中，形成不可篡改的记录。双方利用钱包地址进行交易，从恶意者交易信息中无法获取任何关于用户的隐私信息。另外，用户为每笔新交易生成一个新的钱包地址，防止恶意者的统计学攻击。

（2）去中心化优势：分布式的存储方式可以为系统提供强鲁棒性，有效防止单节点故障和中心化认证控制的风险。同时，该方式可以提高 EMR 数据安全，并促进数据资源的跨机构共享。

（3）数据不可篡改：数据资源交易记录一旦被记录到区块链账本中，即成为不可篡改的记录，任何人都不能承担对记录进行篡改所需要的计算负担和资源消耗。

（4）防止双花攻击：金融币的使用均需要签署用户的电子签名，且金融币的历史使用过程会被公开记录到区块链账本交易中。因此，可以有效防止双花攻击。

（5）资源节约：金融机构利用联盟链技术组成一个联盟，并利用权益证明机制实现系统的一致性，相比于基于工作量证明的比特币系统，可以节省大量计算资源。

（6）权益保护：区块链可以保护用户的电子金融记录数据所有权。他们可以在不同的金融机构随时访问自己的电子金融记录，并授权不同金融机构查看自己的记录。同时，电子金融记录共享带来的收益也可以消除用户担心金融机构在使用其信息时将他们的隐私信息泄露的风险。

# 12.6　小结

　　本章提出一个分布式架构，利用联盟链技术建立一个可保护用户敏感信息的存储管理平台，有效提高了金融大数据跨领域的共享能力。同时，引入金融币到区块链中，促进金融领域数据资源的相互访问。在数据共享过程中，提出了斯坦克尔伯格博弈理论定价策略游戏，帮助数据资源提供者和消费者实现最优的元数据价格和交易量，获得最大化收益和系统效益。通过对区块链系统的安全性分析和金融大数据共享方案的性能评估，区块链不仅能实现安全快速的资源互访，还能有效保护金融大数据中的敏感信息。另外，区块链可以更好地提高金融大数据的价值，给数据提供者带来更多好处，也消除了他们担心提供数据后敏感属性被泄露的顾虑，并在互联网金融链发生中断时提供不可篡改的证据记录。

# 13　结语

在金融大数据环境下，通过对海量数据进行分析、归纳，挖掘出潜在的模式，研究市场运行规律，可以帮助企业调整策略，降低风险，提高效益。然而，随着新技术的广泛应用，在挖掘规则的同时，可能会泄露用户敏感信息。在金融大数据环境下，涉及的用户数据量较大，如果这些数据中的隐私信息被泄露将对用户造成巨大伤害。为了避免用户在大数据环境下访问服务过程中的敏感信息被泄露，本书提出了以下多种方法来保证用户的隐私信息不被泄露。

（1）基于环签名算法保护隐私信息。用户在访问计算服务时，必须要面临的一个重要问题就是：他们能否信任服务提供商。一种情况是要求使用计算服务的用户要完全信任服务提供商，相信服务提供商不会把用户的标识信息泄露给其他人，另外，还要相信服务提供商不会滥用用户的标识信息。但是，在许多情况下，服务提供商不能实现这种信任关系。因此，需要提出一种新方法来保证用户在访问计算服务时，不用担心他们的标识信息被泄露。本书设计一种适用于金融大数据环境下的环签名算法，实现用户匿名访问和匿名接收计算服务，从而防止用户的标识信息被泄露。

（2）基于隐私匹配算法保护隐私信息。在一个服务请求的生命周期中，有个问题值得关注：如何能让用户快速找到一个可以满足其隐私需求的服务提供商，并且让这个服务提供商为用户提供服务。也就是说，在金融大数据环境下，当用户请求一个计算服务时，在这个计算网络中，可能有多个潜在的服务提供商都能为用户提供此项服务。但是这些潜在的服务提供商的隐私策略不尽相同。本书设计了隐私匹配协议，进而能够实现快速找到与用户的隐私策略最匹配的服务提供商，让它为用户提供服务，从而实现保护用户隐私信息的目的。

（3）基于最小属性泛化算法保护隐私信息。当用户请求某个计算服务时，服务提供商通常需要用户提供一些个人属性值，从而便于提供服务。

如果用户直接把属性值发送给服务提供商。一旦数据在发送过程中被恶意者窃取，那么用户的隐私信息将直接暴露给恶意者。为了解决上述问题，传统的方法是：用户首先对自己的属性值进行加密，然后把加密后的结果发送给服务提供商。这样，即使发送过程中恶意者窃取到数据，也都是加密的，无法推测出原始值。服务提供商获得加密后的数据后，首先要进行解密，解密之后，才能知道用户的真正需求，进而准备服务。这种传统的方法虽然安全，但是加密、解密的过程浪费时间。本书研究设计了最小属性泛化算法，不使用加密、解密的操作，而是直接把泛化后的属性值发送给服务提供商，供其使用，从而提高执行效率。

（4）基于隐私保护的 K-NN 分类挖掘算法。目前，在金融大数据环境下，还没有涉及基于隐私保护的数据挖掘（PPDM）的研究，因此本书提出了一种大数据环境下基于隐私保护的 K-NN 分类挖掘算法，以解决金融大数据环境下隐私保护与数据挖掘之间的矛盾，并将这两种技术有机地结合在一起，提出了一种适用于金融大数据环境下基于隐私保护的 K-NN 分类挖掘算法。

（5）基于隐私保护的神经网络学习算法。反向传播神经网络学习算法已经被广泛地应用在医疗诊断、生物信息学、入侵检测、国土安全等领域。这些应用领域有一个共同点，就是都需要从大量复杂的数据中抽取模式和预测趋势。在以上这些应用领域中，如何保护敏感数据和个人隐私信息不被泄露是一个重要的问题。目前已有的反向传播神经网络学习算法，绝大多数都没有考虑学习过程中如何保护数据的隐私信息。本书为反向传播神经网络提出基于隐私保护的算法，适用于数据被水平分割的情况。在建造神经网络的过程中，需要为训练样本集计算网络权向量。为了保证神经网络学习模型的隐私信息不被泄露，本书提出将权向量分配给所有参与方，使得每个参与方都具有权向量的一部分私有值。在对各层神经元进行计算时，使用安全多方计算协议，从而保证神经网络权向量的中间值和最终值都是安全的。最后被建造好的学习模型被所有参与方安全地共享，并且每个参与方可以使用该模型为各自的目标数据预测出相应的输出结果。实验结果表明，本书所提出的算法与非隐私保护算法在执行时间、准确度误差和隐私泄露度上的差别。

（6）面向金融大数据多敏感属性的隐私保护研究。本书针对金融大数据多敏感属性数据发布问题进行了详细的研究，首先，提出了一个新的匿名化模型——（α，β，$k$）-anonymity。（α，β，$k$）-anonymity 被用来保护多敏感属性隐私数据的安全。同时分别对数据表中不同类型的数据采用不同的方法进行有效的处理。其次，提出了实现（α，β，$k$）-anonymity 模型的算法。最后，通过具体的实验，采用实际数据集，从数据的发布质量、防止攻击的能力、执行效率三个方面对本部分所提出的方法进行了验证与分析。实验表明本部分所提出的方法能够有效抵制同质攻击与背景知识攻击，保护多敏感属性数据集中的隐私信息，同时具有较高的执行效率可以生成高质量的数据。

（7）基于隐私保护的贝叶斯网络增量学习算法。贝叶斯网络学习是机器学习和数据挖掘的另一个研究方向。在贝叶斯网络学习中，数据集合中不同属性间的关系以及条件依赖性可以被抽取出来。因此，可以使用贝叶斯网络从大量复杂的数据集合中抽取规则和预测趋势。但是，目前越来越多的数据提供者不愿意为贝叶斯网络学习提供自己的数据，因为担心自己数据中的隐私信息被泄露。目前，对网络用户的调查研究表明：绝大多数人担心其私有数据以任何形式被发布给外部世界。所以在进行贝叶斯网络学习时，应该考虑如何保护输入数据的隐私信息不被泄露，如何保护学习模型中隐私信息不被泄露。本书提出了基于隐私保护的贝叶斯网络增量学习算法，该算法适用于数据被水平分割的情况，并且适用于多个参与方存在的分布式环境。

（8）基于隐私保护的频繁模式挖掘算法。金融大数据环境下所存储的大量分布式数据中，可能包含着用户的个人隐私信息。在对这些数据进行分析和挖掘时，如何既能有效保护私有数据以及敏感信息不被泄露，又能保证挖掘出准确的规则和模式，成为金融大数据安全领域一个重要的研究问题。目前已有的基于隐私保护的数据挖掘算法尚不适用于大数据环境。因此，本书设计一种金融大数据环境下的 K-NN 分类挖掘算法，使其能够从大量的、复杂的分布式数据中挖掘出所需的知识和规则，并且保证被挖掘数据中的隐私信息不被泄露。

虽然大数据技术近年来得到了快速发展，但是大数据环境下的隐私数据保护问题仍然没有被很好地解决。特别是在金融大数据环境下，用户的数据经常是在一个遥远的、未知的服务器上被处理，所以用户担心他们的隐私信息被泄露，这种担心严重阻碍了该技术的广泛应用。为了减少用户的这种担心，本书提出一系列方法来防止用户的隐私信息在金融大数据环境下被泄露。另外，本书在前几章重点叙述了可以保护用户隐私信息的数据挖掘算法出现的背景和重要性，隐私的定义以及各国关于数据隐私相关法律法规的介绍，强调了金融行业在充分利用大数据分析的优势的同时一定要重视客户的个人敏感信息的保护。此处，本书还提供了一些针对金融领域的大数据分析的具体案例和实践操作截图。未来，我们将研究区块链环境下用户隐私信息的保护并结合区块链的技术特征，将本书已经提出的多种新方法进行改进，使其适用于区块链环境，从而防止区块链应用背景下用户的敏感信息被泄露。

# 参考文献

［1］Aggarwal C C, Yu P S. A General Survey of Privacy-Preserving Data Mining Models and Algorithms［J］. Journal of Vascular Surgery, 2008, 8（1）: 64-70.

［2］Alberto Torres W A, Bhattacharjee N, Srinivasan B. Privacy-preserving Biometrics Authentication Systems Using Fully Homomorphic Encryption［J］. International Journal of Pervasive Computing and Communications, 2015, 11（2）: 151-168.

［3］An E A, Grégory T, Stéphane B, et al. Learning Bayesian Network Structure［J］. Computer Science, 2000: 1-8.

［4］Barni M, Orlandi C, Piva A. A Privacy-Preserving Protocol for Neural-Network-Based Computation［C］. Proceeding of the 8th Workshop on Multimedia and Security, 2006.

［5］Bodon F. A Fast Apriori Implementation［C］. Proceedings of the IEEE ICDM Workshop on Frequent Itemset Mining Implementations, 2003.

［6］Canetti R. Security and Composition of Multiparty Cryptographic Protocols［J］. Journal of Cryptology, 2000, 13（1）: 143-202.

［7］Chen R, Sivakumar K, Kargupta H. Collective Mining of Bayesian Networks from Distributed Heterogeneous Data［J］. Knowledge and Information Systems, 2004: 164-187.

［8］Cho M, Pei J, Wang H, et al. Preference-based Frequent Pattern Mining［J］. International Journal of Data Warehousing and Mining, 2005, 1（4）: 56-77.

［9］Clifton C, Kantarcioglu M, Vaidya J, et al. Tools for Privacy Preserving Data Mining［J］. Application Research of Computers, 2002, 4（2）: 28-34.

［10］ Cooper G F, Herskovits E. A Bayesian Method for the Induction of Probabilistic Networks from Data ［J］. Machine Learning, 1992: 309-347.

［11］ Dan B, Franklin M. Identity-Based Encryption from the Weil Pairing ［C］. Proceedings of the Ilst Annual International Cryptology Conference, 2001.

［12］ Dwork C, Mcsherry F, Nissim K, et al. Calibrating Noise to Sensitivity in Private Data Analysis ［C］. Proceedings of the Third Conference on Theory of Cryptography, 2006.

［13］ Friedman N, Goldszmidt M. Sequential Update of Bayesian Network Structure ［C］. Proceeding of the 13th Conference on Uncertainty in Artificial Intelligence, 1997.

［14］ Han J, Jian P, Yin Y, et al. Mining Frequent Patterns without Candidate Generation: A Frequent-Pattern Tree Approach ［J］. Data Mining and Knowledge Discovery, 2004, 8 (1): 53-87.

［15］ Huang Y, Pei J, Xiong H. Mining Co-Location Patterns with Rare Events from Spatial Data Sets ［J］. GeoInformatica, 2006, 10 (3): 239-260.

［16］ Jagannathan G, Pillaipakkamnatt K, Wright R N. A New Privacy-Preserving Distributed k-Clustering Algorithm ［C］. Proceedings of the Siam International Conference on Data Mining, 2006: 492-496.

［17］ Jain Y K, Yadav V K, Panday G S. An Efficient Association Rule Hiding Algorithm for Privacy Preserving Data Mining ［J］. International Journal on Computer Science & Engineering, 2011, 3 (7): 2792-2798.

［18］ Kamakshi P, Babu A V. Preserving the Privacy and Sharing the Data Using Classification on Perturbed Data ［J］. International Journal of Engineering Science and Technology, 2011, 3 (12): 860-864.

［19］ Kargupta H, Datta S, Wang Q, et al. Random-data Perturbation Techniques and Privacy-preserving Data Mining ［J］. Knowledge and Information Systems, 2005, 7 (4): 387-414.

［20］ Kumar M P. Simultaneous Pattern and Data Clustering Using Modified K-Means Algorithm ［J］. International Journal on Computer Science and Engineering, 2010, 2 (6): 2003-2008.

［21］Launchbury J, Diatchki I S, Dubuisson T, et al. Efficient Lookup-table Protocol in Secure Multiparty Computation ［J］. ACM Sigplan Notices, 2012, 47（9）: 189-200.

［22］Liu K, Kargupta H, Ryan J. Random Projection-based Multiplicative Data Perturbation for Privacy Preserving Distributed Data Mining ［J］. IEEE Transactions on Knowledge and Data Engineering, 2006, 18（1）: 92-106.

［23］Liu L, Kantarcioglu M, Thuraisingham B. The Applicability of the Perturbation Based Privacy Preserving Data Mining for Real-world Data ［J］. Data and Knowledge Engineering, 2008, 65（1）: 5-21.

［24］Low W L, Lee M L, Ling T W. A Knowledge-based Approach for Duplicate Elimination in Data Cleaning ［J］. Information Systems, 2001, 26（8）: 585-606.

［25］Magoulas G D, Vrahatis M N, Androulakis G S. Effective Back-Propagation Training with Variable Stepsize ［J］. Neural Networks, 1997, 10（1）: 69-82.

［26］Meng D, Sirakumar K, Kargupta H. Privacy-sensitive Bayesian Network Parameter Learning ［C］. Proceedings of the Fourth IEEE International Conference on Data Mining, 2004.

［27］Paillier P. Public-key Cryptosystems Based on Composite Degree Residuosity Classes ［C］. Proceedings of the International Conference on the Theory and Application of Cryptographic Techniques, 1999.

［28］Pei J, Dong G, Zou W, et al. Mining Condensed Frequent-Pattern Bases ［J］. Knowledge and Information Systems, 2004, 6（5）: 570-594.

［29］Pei J, Han J, Nishio S, et al. H-Mine: Fast and Space-preserving Frequent Pattern Mining in Large Databases ［J］. LIE Transactions, 2007, 39（6）: 593-605.

［30］Pinkas B. Cryptographic Techniques for Privacy-preserving Data Mining ［J］. ACM Sigkdd Explorations Newsletter, 2002, 4（2）: 12-19.

［31］Polat H, Du W. Privacy-Preserving Collaborative Filtering Using Rondomized Perturbation Techniques ［J］. Electrical Engineering and Cumputer

Science, 2003.

[32] Potvin J Y. State-of-the-Art Survey—The Traveling Salesman Problem: A Neural Network Perspective [J] . ORSA Journal on Computing, 1993, 5 (4): 328-348.

[33] Pujari A K , Rajesh K , Reddy D S . Clustering Techniques in Data Mining—A Survey [J] . IETE Journal of Research, 2015, 47 (1-2): 19-28.

[34] Rastogi R , Shim K . PUBLIC: A Decision Tree Classifier that Integrates Building and Pruning [J] . Data Mining and Knowledge Discovery, 2000, 4 (4): 315-344.

[35] Rish I. An Empirical Study of the Naive Bayes Classifier [J] . Journal of Universal Computer Science, 2001, 1 (2): 41-46.

[36] Secretan J, Georgiopoulos M, Castro J. A Privacy Preserving Probabilistic Neural Network for Horizontally Partitioned Databases [C] . Proceeding of the International Joint Conference on Neural Networks, 2007.

[37] Shah A, Gulati R. Privacy Preserving Data Mining: Techniques, Classification and Implications-A Survey [J] . International Journal of Computer Applications, 2016, 137 (12): 40-46.

[38] Teng Z, Du W. A Hybrid Multi-group Privacy-Preserving Approach for Building Decision Trees [J] . Springer-Verlag, 2007: 296-307.

[39] Tsai C F, Lin Y C, Chen C P. A New Fast Algorithms for Mining Association Rules in Large Databases [C] . Proceedings of IEEE International Conference on Systems, 2002.

[40] Verykios V S , Bertino E , Fovino I N , et al. State-of-the-art in Privacy Preserving Data Mining [J] . ACM Sigmod Record, 2004, 33 (1): 50-57.

[41] Yang Z Q, Wright R N. Privacy-Preserving Computation of Bayesian Networks on Vertically Partitioned Data [J] . IEEE Transactions on Knowledge and Data Engineering, 2006, 18 (9): 1253-1264.

[42] Yang Z, Wright R N, Subramaniam H. Experimental Analysis of a Privacy-preserving Scalar Product Protocol [J] . Computer Systems Science and Engineering, 2006, 21 (1): 47-52.

[43] Zhan J, Chang Lw, Matwin S. Privacy-preserving Collaborative Data

Mining［J］. IEEE Computational Intelligence Magazine, 2008, 3（2）: 31-41.

［44］Zhong S, Yang Z, Chen T. K-Anonymous Data Collection［J］. Information Sciences, 2009, 179（17）: 2948-2963.

［45］Zhou J, Yu K M. Balanced Tidset-based Parallel FP-tree Algorithm for the Frequent Pattern Mining on Grid System［C］. Proceeding of the Fourth International Conference on Semantics, Knowledge and Grid, 2008.

［46］孟小峰, 张啸剑. 大数据隐私管理［J］. 计算机研究与发展, 2015, 52（2）: 265-281.

［47］吴问娣, 曾吉文. 一种无证书的环签名方案和一个基于身份的多重签名方案［J］. 数学研究, 2006, 39（2）: 155-163.